KOBE 歴史の旅
古代から現代へ

神戸市立博物館歴史展示ガイド

神戸市立博物館●編

ごあいさつ
～ようこそ神戸へ～

　神戸市立博物館は、市立南蛮美術館と市立考古館を統合し、神戸の歴史を展示に加えた人文系の博物館として昭和57年（1982）11月に開館いたしました。平成7年（1995）に発生した阪神・淡路大震災によって神戸は甚大な被害を被り、1年にわたる休館を余儀なくされましたが、これまで博物館の活動を続けてこられたのは、みなさま方の支えがあってのことと考えております。

　しかし、開館から30数年を経て、施設の老朽化が進み、博物館に対する社会的要請も変化しました。そこで、平成27年度に策定した「神戸市立博物館リニューアル基本計画」をもとに、平成30年（2018）2月より令和元年（2019）10月にかけて、開館以来初となる大規模なリニューアルを実施いたしました。今回のリニューアルによって、博物館の常設展示は設備・内容面ともに大きく刷新しています。なかでも、神戸の歴史を紹介する展示は1階に集約し、「神戸の歴史展示室」として、新しく生まれかわりました。

　神戸は、古くから海・港と共に歩み、さまざまな交流の舞台となり、発展してきたまちです。新設された「神戸の歴史展示室」は、それらを介して育まれた文化交流や人々の営みに特に焦点をあて、古代から現代にいたる神戸の歴史が時代順に通覧できるような構成となっています。博物館が所蔵する写真や映像資料も展示にふんだんに採り入れ、復元模型やICT技術を導入し、より充実したわかりやすい展示となるよう努めました。さらに、海・港という視点に限らず、神戸の歴史を語る上で欠かせない出来事や歴史資料について、定期的にテーマを変えながら紹介する「地域文化財展示室」も新たに設けております。多様な魅力を放つ、文化財の奥深い世界をぜひお楽しみください。

　本書では、豊かに育まれてきた神戸の歴史をたどる旅へと、みなさまをご案内いたします。「神戸の歴史展示室」等、新装なった施設をご覧いただく際のガイドブックとして、また、神戸の魅力をさぐるファーストブックとして、本書をご利用いただけましたら幸いです。

神戸市立博物館　館長

CONTENTS

ごあいさつ〜ようこそ神戸へ〜 3
神戸市立博物館　利用案内／本書をお読みになる前に 8

1章　海の回廊 〜東アジアとの交流〜 9

神戸のあけぼの 11
狩人たちのくらし　11　　縄文人のくらし　12
稲作のはじまりと弥生人のくらし　13
ムラとムラの交流　14　　高地のムラ　16　　銅鐸のマツリ　17

コラム　桜ヶ丘銅鐸・銅戈群　18

大王の時代 20
古墳づくりとオウ（王）の権力　20　　オウ（王）の権威の象徴　23
海を渡ってきたひと・もの・わざ　24　　横穴式石室の世界　25

2章　大輪田泊から兵庫津へ 27

海路と陸路の発展 29
大輪田泊から兵庫津へ　29　　国内外の流通拠点として　31
陸上交通の発展　33

人々のくらし 35
古代・中世の神戸　35　　神戸市内の主な寺社　36　　仏教文化　38
大陸文化の受容　39　　日本古来のカミ観念　40　　多様な地域性　40

コラム　地域文化財展示室　41

3章　兵庫津の繁栄 43

天下統一と兵庫の港 45
争乱の終結と兵庫　45　　兵庫港のにぎわい　47
江戸時代後期の兵庫　48　　まちのしくみ　49

海道と街道の交差点　51　　ハブ港としての兵庫　52
　　　海運の主力　52　　人々のくらし　53　　江戸時代の対外交流　54

開港前夜　………………………………………………………………………………………　55
　　　近代港湾都市の胎動　55　　近世社会の変容と明和上知　56
　　　ペリー来航　57　　もうひとつの黒船来航　57
　　　海防と開港　59　　港の近代化　61

コラム　「兵庫勤番文書」の世界　63

4章　開港 ～世界との交わり～　………………………………………　65

外国人と神戸　……………………………………………………………………………　67
　　　外国人居留地の成り立ちとしくみ　67　　居留地と雑居地　71
　　　明治時代中期の神戸外国人居留地　72
　　　昭和時代初期の神戸外国人居留地　74
　　　にぎわう神戸　76　　産業と貿易　77　　港都の繁栄　79

拡大する都市　……………………………………………………………………………　80
　　　市域の拡大とインフラ整備　80

変化するくらし　…………………………………………………………………………　83
　　　市民のたのしみ　83　　ファッションの変化　85
　　　食生活の変化　86　　住まいの変化　87

わたしたちの神戸　………………………………………………………………………　88
　　　水害と治水　88　　戦災と戦後の復興　89
　　　阪神・淡路大震災と震災からの復興　90

コラム　「横浜正金銀行」の記憶　91
　　　ミュージアムカフェ・ショップ　92
　　　旧居留地歴史案内　94

神戸の歴史年表　………………………………………………………………………………　95
参考文献　………………………………………………………………………………………　102

神戸市立博物館　利用案内

- ●所在地　〒650-0034　神戸市中央区京町24番地
- ●連絡先　TEL 078-391-0035
- ●HP　kobecitymuseum.jp
- ●交通

  - JR「三ノ宮」駅、阪急・阪神「神戸三宮」駅神戸市営地下鉄（西神・山手線）、ポートライナー「三宮」駅から南西へ徒歩約10分
  - JR、阪神「元町」駅から南東へ徒歩約10分
  - 神戸市営地下鉄（海岸線）「旧居留地・大丸前」駅から南東へ徒歩約8分
  - 新幹線「新神戸」駅から神戸市営地下鉄（西神・山手線）に乗換え、「三宮」駅下車
  - 神戸空港からポートライナーで「三宮」駅下車

  ※博物館には駐車場がありません。お近くの有料駐車場をご利用ください。

●展示場案内図

本書をお読みになる前に

一、特に所蔵先が明記されていない資料は当館の所蔵品です。
一、※を付した画像は、神戸市教育委員会文化財課より提供を受けました。
一、編集・執筆は神戸市立博物館学芸課が行いました。
一、掲載の資料には、展示されていないものも含まれます。

1章

海の回廊
～東アジアとの交流～

　「こうべ」の地にたどりつき、くらし始めたころから、六甲山麓の肥沃な大地や海からの恵みを受けて生きてきたひとたち。
　けものを追い、野山を駆けた狩人たち、土器を使い、煮炊きをするようになった縄文人たち。コメづくりが伝わり、豊かな食生活を送った弥生人たち。ムラでは銅鐸を使ったマツリが行われました。やがて、ムラとムラの争いも起こり、山や丘にもムラがつくられていきます。
　ムラをまとめ、クニとして支配するオウ（王）が誕生し、オウの墓として古墳がつくられる時代。海外との交流も盛んとなり、新しい技術や知識が伝わります。
　海の回廊を巡って、東アジア地域との活発な交流が繰り広げられました。

1章 ● 海の回廊〜東アジアとの交流〜

神戸のあけぼの

狩人たちのくらし

　2万年前ごろ、わたしたちの祖先は動物たちを追いかけながら、六甲山麓の肥沃な大地、ここ「こうべ」の地にたどりつきました。市内の各地で採集されたナイフ形石器や有茎尖頭器（ゆうけいせんとうき）は、狩人たちの活動を垣間見せてくれます。

市内で採集されたナイフ形石器
左から順に、兵庫区会下山町、垂水区西舞子、西区池上南山（4点）

どんな風に使われたか想像してみよう

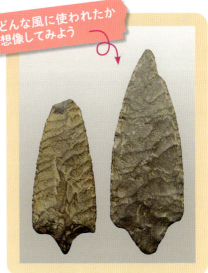

市内で採集された有茎尖頭器
左）垂水区名谷町　右）北区山田町

11

縄文人のくらし

　1万年前ごろから、縄文人は六甲山麓の豊かな森で、竪穴住居に住み、狩りをしたり、木の実を採集したり、自然の恵みを大切にしてくらし始めました。粘土をこねて焼き上げた土器を使って、食べ物を煮炊きし、貯えられるようにもなりました。

浜辺を歩く縄文人親子の足跡
（縄文時代早期ごろ）（垂水区 垂水・日向遺跡）
※神戸市教育委員会文化財課提供
（以下 ※マークは同じ）

ふち飾りのある土器もあります

市内出土の縄文土器 ※

1章 ● 海の回廊～東アジアとの交流～

稲作のはじまりと弥生人のくらし

　紀元前350年ごろ、大陸からコメづくりが伝わり、ムラの周りには水田がつくられます。金属器や土木技術などの新しい文化も伝わり、弥生人は安定したくらしを営みました。

小さく区画された弥生時代前期の水田跡
（須磨区戎町遺跡）※

何のために壕があるのかな

壕に囲まれた里のムラ
（復元模型）
（兵庫区大開遺跡）※

　各地で新たにムラができ、人々は竪穴住居に住み、高床倉庫でコメなどを保管しました。

復元された竪穴住居（垂水区大歳山遺跡）※

高床倉庫

ムラとムラの交流

　弥生人はいろいろな石の道具を使ってくらしました。ほかの地域でしか調達できない石材を使った石器が、その地域の特徴をもった土器とともに発見されることがあります。こうした特産物ともいえるモノの移動から、各地域を結んだ弥生人の交流の広さを知ることができます。

石包丁
（イネの穂首を刈り取る道具）
弥生時代前期～中期（紀元前250～50年ごろ）
左から西区新方遺跡、須磨区戎町遺跡、中央区・兵庫区 楠・荒田町遺跡、西区 居住(いすみ)・小山遺跡、須磨区 大田町遺跡 ※

今の道具とどう違うかな

石斧を着装復元した木製の農工具の柄
（東灘区本山遺跡）※

1章 ● 海の回廊～東アジアとの交流～

　食物を煮炊きしたり、盛りつけたり、貯蔵したり、用途に合わせて、大小さまざまな形の土器がつくられ、使われました。

弥生時代前期（紀元前300年ごろ）の土器（左：東灘区本山遺跡、右：兵庫区大開遺跡）※

弥生時代中期（紀元0～100年ごろ）の土器
（中央区・兵庫区 楠・荒田町遺跡）※

形も大きさも多様に

弥生時代後期の土器（150年ごろ）
（西区玉津田中遺跡）※

15

高地のムラ

　紀元０年ごろの弥生時代なかごろには、ムラとムラとの争いが激しくなり、壕に囲まれたムラや、丘や山の上にも新しいムラがつくられました。
　石製の武器や大型の石鏃(せきぞく)が発見され、戦いに備えていたことがわかります。

ＣＧで復元された高地のムラ（西区頭高山遺跡）※

弥生人の武器のいろいろ ※
石製の剣や鏃(やじり)とともに、
鉄製の鏃（右下）があります。

伯母野山遺跡：灘区篠原伯母野山町

六甲山系南麓の標高150〜180mにある弥生時代中期〜後期（紀元0〜150年ごろ）のムラです。多量の弥生土器、石器などとともに、板状鉄斧、赤色顔料が付着した石杵、石製の分銅などの特殊な遺物が発見され、重要な交易拠点集落であったと考えられます。

石杵と分銅

銅鐸のマツリ

弥生人のムラでは、神に豊作を祈り、収穫に感謝し、銅鐸を使ったマツリが行われました。

全国的に貴重な遺物

発見された当時の土が付着したままで、保存処理前の国宝桜ヶ丘銅鐸・銅戈群（昭和57年ごろ）

弥生時代の終わりとともに、銅鐸を使ったマツリも終わり、すべての銅鐸が埋められ、地上から姿を消してしまいます。

> コラム
桜ヶ丘銅鐸・銅戈群

　桜ヶ丘銅鐸・銅戈は、昭和39年(1964)12月10日、六甲山系から南へ続く山麓斜面の灘区桜ヶ丘町で発見されました。その場所は尾根稜線から少し下った標高243mの北東方向を向いた斜面地で、東方にわずかに視界がある程度の場所です。家屋の壁土用の土砂を採取するために掘削作業をしていた人たちによって偶然に掘り出されました。昭和45年5月25日には、「桜ヶ丘銅鐸・銅戈群」として国宝に指定されました。

桜ヶ丘銅鐸・銅戈群（14口の銅鐸と7口の銅戈）

1章 ● 海の回廊〜東アジアとの交流〜

　桜ヶ丘銅鐸・銅戈群の特徴は、第一に合計14口の銅鐸が一括して埋納されていたことと、銅鐸とともに武器形祭器である銅戈が7口埋納されていたことです。第二には、14口の銅鐸には絵画の描かれた銅鐸が4口（1号・2号・4号・5号）含まれていることです。第三には、埋納された14口の銅鐸の形態と特徴から、製作された時期に明らかに差異が認められることです。

　桜ヶ丘銅鐸を鈕の形態と鐸身の全体形態から分類すると、外縁付鈕式（鈕の外側に装飾用の縁が付き、これにともなって鐸身の両脇に鰭が付く）の4口が、1号→2号→3号・12号と変遷し、扁平鈕式（外縁付鈕の内側にも装飾用の縁が付き、鈕全体が扁平なもので、鰭の幅が広くなり、鐸身とともに反りが強くなる）の10口が、13号→4号〜11号・14号と変遷することが知られています。桜ヶ丘銅鐸・銅戈群には、最古段階の菱環鈕式銅鐸と最新段階の突線鈕式銅鐸が含まれていない構成からみると、弥生時代中期末から後期はじめごろ（100年ごろ）に埋納されたと推定できます。

　銅鐸は弥生時代の農耕のマツリに使われた道具で、描かれた小動物や人などの絵画は、農耕に関わるものと考えられています。当時のくらしを考えていくうえで、たいへん貴重な資料です。

5号銅鐸
三角頭（△）と丸頭（○）の人

5号銅鐸
弓を持ちシカの角をつかむ人

5号銅鐸
I字形道具を持つ人・サカナ

5号銅鐸
サギ　サカナ・スッポン

5号銅鐸
脱穀作業をする人

4号銅鐸
シカの行進（部分）

大王の時代

古墳づくりとオウ（王）の権力

　250年ごろ、多くのムラを統率し、クニとして支配する「オウ（王）」が生まれました。オウ（王）ひとりのために大きな墓「古墳」がつくられた時代です。前方後円（方）形の日本独自の墓の形が生まれ、古墳の大きさはオウ（王）の権力の強さを表しました。

古墳の形と権力の強さ

築造当時の姿に復元された前方後円墳
（垂水区五色塚古墳）※

誰でも見学ができます

復元整備された前方後方墳
（東灘区処女塚古墳）※

1章 ● 海の回廊～東アジアとの交流～

明石海峡をにらむオウ（王）の墓
五色塚古墳（垂水区五色山）

　明石海峡に面した段丘上に4世紀後半に築かれた、全長194mの兵庫県下最大の前方後円墳です。周囲には幅10m以上の壕が巡り、その外側にも幅約5mの浅い壕が巡っています。3段に築かれた墳丘は葺石で覆われ、各段の平坦面と墳丘頂上には鰭付円筒埴輪や鰭付朝顔形埴輪が立て並べられており、総数は約2,200本と推定されています。

　交通の要衝である明石海峡を中心とした地域を支配し、ヤマト政権と強いつながりのあったオウ（王）の墓と考えられています。

明石海峡をにらむ五色塚古墳
（航空写真）※

CGによる復元図（明石海峡をにらむ五色塚古墳と小壺古墳）※

CGによる復元図
（明石海峡海上から望む五色塚古墳）※

五色塚古墳出土　鰭付円筒埴輪

　最下段の高さを約35cmとし、突帯間を約17.5cmで仕上げる、規格性の高い円筒埴輪で、側面に鰭と呼ばれる板状の部材を貼り付けています。突帯が4条5段構成の小型品と、突帯が5条で6段構成の大型品があり、スカシには円形、方形、三角形、半円形などさまざまな形があります。五色塚古墳と小壺古墳だけでなく、念仏山古墳（長田区）や幣塚古墳（明石市）などでも確認されており、大規模な埴輪製作地から一元的に供給されたと推定されています。

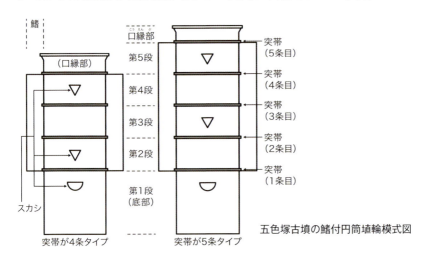

五色塚古墳の鰭付円筒埴輪模式図

重要文化財の
五色塚古墳の埴輪群※

1章 ● 海の回廊～東アジアとの交流～

オウ（王）の権威の象徴

　オウ（王）の棺のなかには、オウ（王）の権威を示す鏡・剣・玉とともに、豪華な装身具や武具が納められました。

地震で崩れた竪穴式石室と石材の間に見える青銅鏡（灘区西求女塚古墳）※

豪華さに目を見張ります

オウ（王）の墓に納められた鏡・剣・玉と装飾品（西区白水瓢塚古墳）神戸市指定文化財 ※

大歳山古墳：垂水区西舞子

　昭和33年（1958）に墓地の山道で偶然発見された古墳です。古墳の墳丘が雨で流され、オウ（王）の棺のなかに納められていた装身具などが地表面に現れて採集されたものです。

23

オウ（王）の館は柵と壕に囲まれ、高床建物が整然と並んでいました。この館でカミの力を借りて、人々を治めたと考えられています。

柵と壕に囲まれたオウ（王）の館（長田区松野遺跡）※

海を渡ってきたひと・もの・わざ

　400年ごろ、朝鮮半島との交流が盛んになり、多くの渡来人とともに、さまざまな進んだ技術や知識が伝わりました。

棺に納められた装身具（垂水区舞子古墳群）※

　オウ（王）は金メッキされた冠、刀飾りやイヤリングなどを好みました。乗馬用の鉄製の馬具や武具・武器もつくられました。

金メッキされた鉄製馬具
（垂水区狩口台きつね塚古墳）神戸市指定文化財※

ロクロを使ってつくられ、のぼり窯を使って高温で焼かれた硬質な須恵器もこのころに登場します。

神戸から約250km離れた愛媛県でつくられ、運ばれた須恵器（東灘区西岡本遺跡）※

古墳に供えられた須恵器（東灘区住吉宮町遺跡）※

横穴式石室の世界

450年ごろから、ムラに近接する丘の上にも小型の古墳が群集してつくられていきます。

なぜ丘の上につくられたの？

丘の上に群集してつくられた古墳（垂水区舞子古墳群）※

山の上につくられた古墳群（垂水区高塚山古墳群）※

石を積み上げて部屋をつくり、後からでも棺（ひつぎ）を追加できる仕組みの横穴式石室が登場し、石の棺が納められることもあります。

見学に行ってみよう

二重の壕をもち、明石海峡を臨む古墳（垂水区狩口台きつね塚古墳）※

横穴式石室（模式図）

市内最大級の大型横穴式石室（垂水区狩口台きつね塚古墳）※

2章

大輪田泊から兵庫津へ

　奈良時代には、陸上交通ルートが整備され始め、神戸も山陽道の経由地となります。また、瀬戸内海水運における要地ともなり、大輪田泊などの港湾が修築されて、遣唐使船も寄港しました。
　平安時代の終わりには、平清盛が日宋貿易の拠点として大輪田泊の改修を進め、東アジアにつながる臨海のこの地へ都を遷そうとします。わずか半年で都は京に戻りましたが、その後も港の重要性は失われませんでした。大輪田泊から発展した兵庫津は、国内外の流通・貿易の拠点として繁栄しました。
　このように陸海双方の交易拠点としての歴史を刻んできた神戸には、海外から最新の文化が絶え間なくもたらされてきました。仏教を主調としたそれらの文化は、人々のくらしへ広く、深く定着し、現代にまで受け継がれているものも多くあります。

海路と陸路の発展

大輪田泊から兵庫津へ

　奈良時代の僧行基によって修築された大輪田泊は、後に日宋貿易に力を注ぐ平清盛によって整備され、国際港として歩み始めました。清盛は武士として初めて政治の中心に君臨し、大輪田泊近くに設けた一族の別荘地である福原への遷都を目論むなど、彼を中心とした平氏の躍進は神戸にとっても発展の契機のひとつであったといえるでしょう。しかし、清盛は志半ばで病に倒れ、神戸を舞台とした生田森・一の谷合戦を含む一連の戦い（治承・寿永の乱）で平氏が滅亡したことによって、大輪田泊改修は一時中断されます。

清盛の権勢ぶりがわかる錦絵です

芳年武者無類
平相国清盛
月岡芳年
明治10年（1877）

遣唐使船模型
大輪田泊は遣唐使船の寄港地にもなりました。

兵庫築嶋人柱の図　歌川芳員　嘉永5年（1852）
清盛によって大輪田泊に波風避けの人工島（経ヶ島）が築かれるにあたって、侍者の松王丸が人柱になったとの伝説が残されています。

源氏と平氏が神戸で激突！

源平合戦図屏風　一の谷合戦図　狩野吉信
江戸時代、17世紀
『平家物語』から、合戦の名場面が俯瞰的に描かれています。源義経による「坂落とし」のほか、生田森や平氏が敗走する須磨など、神戸の広い範囲が戦場になっていたことがわかります。

　その後、大輪田泊は鎌倉時代の僧重源によって修築が行われ、港の発展の基礎が固まりました。そのころから、大輪田泊は兵庫津と呼ばれるようになり、やがて国内外を問わず多くの船が行き交う港となりました。

国内外の流通拠点として

国内各所から船が行き交う兵庫津では、北関・南関といった関所が設置され、入港する船から関銭が徴収されるようになりました。それによって、集められた財は東大寺や興福寺といった寺社の修理・造営などに用いられました。文安2年（1445）のほぼ1年間に、北関を通関した船の課税台帳である「兵庫北関入船納帳」には約1950艘分の船が記録されており、兵庫津の繁栄がうかがえます。

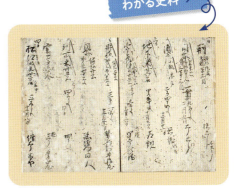

当時の交易がわかる史料

重要文化財　兵庫北関入船納帳
文安2年（1445）　京都市歴史資料館蔵
船ごとに船籍地や積荷、関料と納入日などが記されています。

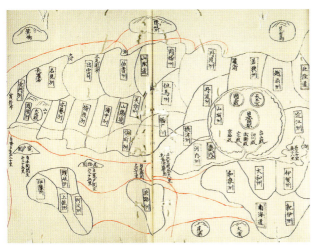

海東諸国記　1689年写
1471年に朝鮮で記された、日本および周辺に関する書物。収録された地図上に兵庫津が記載されており、重要な港であるとの認識が読み取れます。

室町幕府の3代将軍足利義満が僧祖阿らを明に派遣し、開始した日明貿易においても兵庫津は拠点となり、その重要性は増していきました。義満や義教といった日明貿易を推し進めた将軍は、遣明船が帰還するごとに兵庫に出向いていたことが様々な記録を通じて知られます。また、遣明船には兵庫の商人も乗り込んでいました。

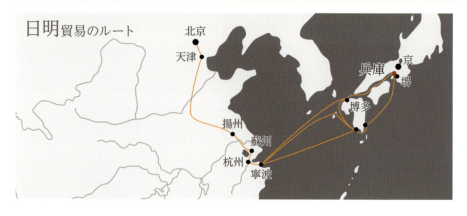

　将軍家の相続問題や有力大名家の家督争いを発端とした応仁・文明の乱が起こると、文明元年（1469）には兵庫津周辺にまで戦火は広がりました。上洛を目指す西軍の大内氏の軍勢を、東軍の山名是豊と赤松勢が攻撃したことで、南北両関および寺社・在家が焼亡するなどの被害が発生したことが諸記録からうかがえます。これにより、同年に帰国した遣明船は四国南部から堺へ帰着し、兵庫津の国際港の役割は堺へと移されました。しかし、それ以降も、主に西国から京都や奈良への年貢が兵庫津を経由して輸送され続け、複数の旅行者の記録に兵庫津へ立ち寄ったとの記述がみられます。多くの人や物が行き交う国内流通の拠点としての重要性は失われていなかったといえるでしょう。また、断片的にではありますが、16世紀のなかごろには兵庫津へ明からの船が立寄るようになっていたようです。

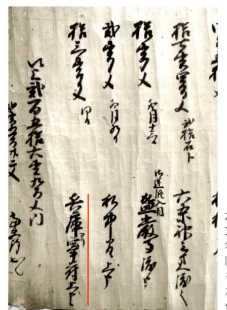

六條八幡宮領摂津国山田荘年貢算用状（「原野村文書」のうち）　明応3年（1494）
年貢の一部が「兵庫」から「宰符（割符）」（遠隔地への送金に用いられた手形のこと、為替）を用いて京都まで送られています。戦災を被った兵庫津でしたが、金銭の流通ルートにおける信用は守られたようです。

陸上交通の発展

　大化元年（645）の大化改新を経て成立した日本の古代国家によって、畿内は五畿内と呼ばれる5つの国、山背(やましろ)（京都）・大和（奈良）・河内・和泉（大阪南部）・摂津（大阪北部と兵庫東南部）に分けられます。また程なくして、摂津国に隣接する播磨国が制定されました。現在の神戸市は、須磨区と垂水区の区境にある旗振山を境として摂津国・播磨国にまたがっています。

　古代国家は、中央集権的な地域支配を行うため、陸上の交通網や通信網を整備しました。都と地方をつなぐ幹線道路七道のひとつ山陽道は、神戸市域の南部を通過し、周辺には芦屋駅・須磨駅・明石駅といった駅家(うまや)が設置されました。『日本書紀』天武14年（685）の項には「山陽の使者」との言葉がみえており、7世紀末には山陽道は整っていたようです。平城京から九州の太宰府までを結ぶ古代山陽道は、七道のなかで最も重要な「大路」とされていました。

神戸市指定文化財
駅家の存在を推定させる「驛」の墨書土器
深江北町遺跡（東灘区）出土※

また、『万葉集』に収められた歌に「荒磯越す 波を恐み 淡路島 見ずや過ぎなむ ここだ近きを」とあるように、人々は淡路島を眺めることのできる須磨区から垂水区にかけては、通行の妨げとなる荒波を避け、多井畑や大蔵谷、伊川谷へ迂回するルートも利用していたようです。

源平合戦図屏風　一の谷合戦図より　一の谷の平氏の陣へ向かう熊谷直実（中央）

義経率いる搦手軍に属する熊谷直実は、『平家物語』によると「としごろ人もかよはぬ田井の畑といふふる道をへて、一の谷の浪うちぎはへぞ出たりける」とあるように、多井畑を通る道を利用して一の谷に向かったようです。この記述によると、多井畑のルートは平安時代の終わりから鎌倉時代ごろには「ふる道（古道）」との認識があったことがうかがえます。

> 歴史上、重要な戦いの場となりました

歌川芳虎　楠湊川大合戦之図　弘化4年～嘉永5年（1847-52）

延元元年/建武3年（1336）、九州より東上してきた足利尊氏・直義兄弟の軍勢と、待ち受ける新田義貞・楠木正成の軍勢が湊川周辺（兵庫区・中央区）で激突しました。この戦いは「湊川の戦い」と呼ばれます。尊氏は海路を、直義は陸路を使って、湊川まで進軍しており、これらからも神戸が西国と京を結ぶ陸海の交通ルート上にあったことがわかります。

人々のくらし

古代・中世の神戸

　東アジアから続く海の回廊の終着点に近い神戸には、海外からの最新の文化が絶え間なくもたらされてきました。仏教を主調としたそれらの文化は、日本人の基層信仰、美意識と交じり合いながら、さまざまな成り立ちを持つ神戸の地へと広く、深く定着していきました。それらは、寺社、受け継がれてきた文化財、伝統行事などとして、現在も神戸市内のいたるところに息づいています。

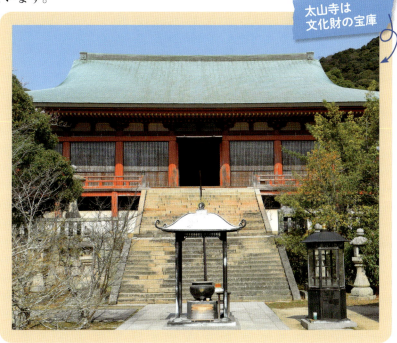

太山寺は文化財の宝庫

国宝　太山寺本堂　鎌倉時代
西区伊川谷に位置する天台宗の名刹・太山寺の本堂。神戸市内唯一の国宝建造物です。太山寺は、7世紀の後半に藤原鎌足の息子・定慧上人によって礎が築かれ、藤原宇合によって霊亀2年（716）に開かれたと伝えられます。生命力に溢れた原生林を背に負う境内には、今なお古代から中世の雰囲気が息づいています。伝来する多くの仏教彫刻や絵画には、類例の少ない、特色あるものが多く、本寺に関わった人々の独自の思想と美意識を今に伝えます。

神戸市内の主な寺社

原始から弥生時代
① 保久良（ほくら）神社
原始よりの巨石信仰の"場"に鎮座する古社

7世紀 飛鳥時代
② 天上寺（てんじょうじ）
法道仙人の開基伝承を伝える神戸屈指の古寺

7世紀 飛鳥時代
③ 敏馬（みぬめ）神社
古来、敏馬の崎で航海の安全を見守った古社

8世紀 奈良時代
④ 大龍寺（たいりゅうじ）
神戸最古の木彫仏を伝える和気清麻呂ゆかりの古寺

弥生時代
⑤ 生田（いくた）神社
神功皇后が創祀したと伝える神戸を代表する古社

13世紀 鎌倉時代
⑥ 真光寺（しんこうじ）
時宗の開祖・一遍上人の廟所に建てられた古寺

12世紀 平安時代
⑦ 来迎寺（らいごうじ）（築島寺（つきしまでら））
平清盛による大輪田泊の築島修築工事の際、人柱になったと伝える松王丸ゆかりの寺院

12世紀 平安時代
⑧ 祇園（ぎおん）神社
平安末期、流行していた疫病を鎮めるために創始された清盛ゆかりの古社

9世紀 平安時代
⑨ 宝満寺（ほうまんじ）
像内に金・銀箔を施した大日如来像を伝える足利氏ゆかりの臨済宗の古寺

弥生時代
⑩ 長田（ながた）神社
神の使いの鬼が舞う古式ゆかしい追儺を伝える古社

9世紀 平安時代
⑪ 須磨寺（すまでら）（福祥寺（ふくしょうじ））
須磨の地に宿る重層的な記憶を受け継ぐ須磨を代表する古寺

8世紀 奈良時代
⑫ 妙法寺（みょうほうじ）
福原京守護の霊像・毘沙門天が伝わる真言密教の古寺

9世紀 平安時代
⑬ 勝福寺（しょうふくじ）
清盛寄進の伝承を持つ比類なき密教法具が伝来する古寺

14世紀 南北朝時代
⑭ 禅昌寺（ぜんしょうじ）
名僧・月庵禅師が開いた臨済宗の古寺

8世紀 奈良時代
⑮ 厄除八幡宮（やくよけはちまんぐう）
疫病を鎮めるための疫神を祀る摂播境界の古社

8世紀 奈良時代
⑯ 転法輪寺（てんぽうりんじ）
本尊・阿弥陀如来を始め多くの古仏が伝来する古寺

9世紀 平安時代
⑰ 海神社（わたつみ）
海路の要衝・明石海峡を守護する海神を祀る古社

7世紀 飛鳥時代
⑱ 無動寺（むどうじ）
古よりの霊場・丹生山中腹に位置する古寺。古仏多数

2章 ● 大輪田泊から兵庫津へ

⑲ 六條八幡宮(ろくじょうはちまんぐう)
室町時代建立の三重塔が美しい
神仏習合の古社
9世紀 平安時代

⑳ 温泉寺(おんせんじ)
名僧・行基開基と伝える古湯・
有馬温泉の中心寺院
8世紀 奈良時代

㉑ 淡河八幡神社(おうごはちまん)
古来栄えた地・淡河の鎮守
厄払いの御弓神事が伝わる
8世紀 奈良時代

㉒ 石峯寺(しゃくぶじ)
いまなお中世の面影を伝える
真言密教の古寺
7世紀 飛鳥時代

㉓ 太山寺(たいさんじ)
国宝本堂を有する藤原鎌足の
子・定慧開基の天台宗の古寺
8世紀 奈良時代

㉔ 性海寺(しょうかいじ)
東大寺の学僧・如幻が開いた
真言密教の古寺
10世紀 平安時代

㉕ 如意寺(にょいじ)
三棟の重要文化財建造物が
美しい天台宗の古寺
9世紀 平安時代

※時代は推定される寺社の創立年代を記しています。

37

仏教文化

　インドで誕生した仏教は、中国、朝鮮半島を経てアジアの東端である日本へともたらされ、古代・中世の日本文化に大きな影響を与えました。神戸の地にも古より受け継がれた仏教文化が色濃く遺っています。

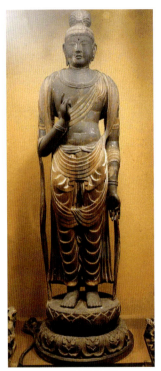

重要文化財　菩薩形立像
大龍寺　奈良時代
再度山中腹に位置する大龍寺の本尊像。頭の髻から台座まで一本の材より彫り出されていますが、髪や顔などの柔らかいニュアンスが欲しい箇所には、ペースト状のものを盛り上げています。八頭身のすらりとした立ち姿、若々しい表情、張りのある肉身など、清新な美に溢れた、市内最古の木彫像です。

清盛も使ったかも！

重要文化財　密教法具　勝福寺　平安時代
須磨の古刹・勝福寺に伝来した密教の儀式で使用する宝器。中国・宋代の写実的な造形感覚と、和の美意識が見事に融合した類例のない優品です。清盛寄進の伝承は、史実を伝えている可能性があります。

西区・性海寺で、例年8月に行われる大般若経の転読の様子です。玄奘三蔵によってインドから中国にもたらされた大般若経600巻は、わが国では護国、豊穣の経典として敬われました。仏教文化は、人々のくらしのなかにも深く根をおろしていったのです。

大陸文化の受容

　大陸からもたらされる最新の文化は、さまざまな過程を経て神戸の地に根を下ろしていきました。仏教関係の文化財、書物、貨幣、陶磁器などの資料や各地に伝わる祭りなどから、大陸文化の受容と変容の様子が浮かびあがります。

青磁　中国・明代
硬質で独特の色合いを示す磁器は中世の人々にとって憧憬の対象でした。

神戸市指定文化財　如意輪観音画像　性海寺
南北朝時代
西区・性海寺に伝来する、南北朝時代に制作された、鮮やかな色彩が印象に残る如意輪観音の画像。弘法大師空海に由来する古い図像をもとに、中国・元代のスタイルを取り入れて描かれています。性海寺ゆかりの真言律宗僧が、自らのアイデンティティの表明として制作した可能性が想定されます。

神戸市指定文化財　大吉祥陀羅尼経　宝賢陀羅尼経　太山寺　朝鮮・高麗時代　1264年
日本現存最古と考えられる朝鮮・高麗国王発願経。1264年に制作されたと考えられています。純度の高い金泥（金の絵具）によって描かれた聖なる経文は、750年を経てなお、眩い光を放っています。古代・中世の人々は、海を通じてもたらされる、中国、朝鮮の美を受容し、自らの感性を育んでいきさした。

日本古来のカミ観念

　日本人は、古来、自然のなかのいたるところに、人間を超えた神秘的な"力"を見出し、それらを"カミ"として信仰していました。その信仰はやがて仏教と深く融合していきました。

北区山田町の総鎮守・六條八幡宮は、約1000年前に、この地に造立されたと考えられています。
境内には、神社の本殿、拝殿とともに、文正元年（1466）に建立された美しい桧皮葺の三重塔や仏堂が遺されています。日本の基層信仰と、インド生まれの仏教は、対立することなく、豊かな精神文化の土壌をかたちづくっていたのです。今も市内の各所で、両者は自然に共存しています。

多様な地域性

　摂津、播磨の二国にまたがり、東西南北に広い市域を有する神戸には、さまざまな成り立ちをもつ地域が存在しています。伝統行事や残された文字資料などからは、古代・中世に生きた人々の地域に根ざした特色あるくらしがうかがえます。

北区淡河町の淡河八幡神社では、毎年2月11日に「御弓神事」（兵庫県指定重要無形民俗文化財）という厄除けの伝統行事が行われています。
だんじり、追儺、流鏑馬、虫送り、船渡御などなど。市内には、このほかにも、地域のくらしや生活を反映した、実に多様な伝統行事が息づいています。これらの行事の豊かさは、市域が抱える地域の豊かさと多様性の表象といえます。

地域文化財展示室

　本書で紹介している「神戸の歴史展示室」は、神戸市立博物館の基本テーマ「国際文化交流－東西文化の接触と変容」に沿って、港を通じた交流に焦点を当てた展示を行っています。

　しかし、当館の考古・歴史資料のコレクションは、港の歴史に関するものばかりではありません。港の歴史にとどまらない多様な資料を展示し、魅力をお伝えするため、「神戸の歴史展示室」の一角に「地域文化財展示室」を設けています。

　「地域文化財展示室」は、その名の通り、神戸市およびその周辺地域の歴史にとって重要な資料をご覧いただくことを目的としています。この展示室は、当館開館前の横浜正金銀行時代の金庫だった場所で、リニューアル以前は「びいどろ史料庫コレクション室」として親しまれてきました。リニューアル後も、金庫扉の名残である分厚い壁は健在。まさに地域の「お宝」を展示するのにぴったりな空間です。

神戸市指定文化財
金銅板製経箱　文永8年（1271）銘
有馬に奉納された如法経経箱で、もとは銅板に鍍金されていました。

兵庫県指定重要有形文化財
羽柴秀吉制札　天正7年（1579）
淡河本町自治会蔵・当館寄託
平成16年（2004）に、北区淡河町の歳田神社より発見された制札。全国で三例しか確認されていない「らくいち（楽市）」の文言がある制札のひとつです。また、秀吉が「楽市」の文言を使っているのは、紙に書かれたものも含めて、こちらが唯一の例です。

　神戸市では、平成9年（1997）に「神戸市文化財の保護及び文化財等を取り巻く文化環境の保全に関する条例」（平成9年3月31日　条例第50号。以下「保護条例」と略称）を制定し、貴重な文化財の保護に日々努めています。この「保護条例」に基づき、当館が所蔵する資料の一部も、「神戸市指定文化財」に指定されています。文化財の保護にあたっては、調査研究および保存活動に加え、何よりもその資料の持つ魅力や価値を発信していくことが重要になるでしょう。「地域文化財展示室」では、館蔵資料のなかで今後新たに指定されたものについて、いち早く皆さまにお披露目して魅力をお伝えしていくことも目指しています。

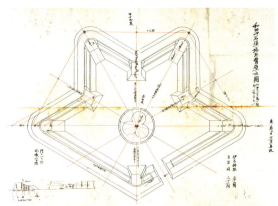

神戸市指定文化財
和田岬石堡塔外胃壁之図
慶応元年（1865）
海岸防備を目的に、江戸幕府によって築造された台場の設計図です。西洋の築造技術を取り入れながら、用いられたのは石工や鋳物師といった日本の伝統的な技術でした。本図を含む24点が「和田岬・湊川砲台（台場）関係資料」として、平成26年（2014）に神戸市指定文化財に指定されました。

3章

兵庫津の繁栄

　戦国時代には度重なる戦火を被った兵庫津ですが、豊臣秀吉の蔵入地（直轄領）として保護を受け、江戸時代に入ると尼崎藩の庇護の下で港町として繁栄をみせます。18世紀後半には、北前船や尾州廻船など、新興の海運集団が上方の拠点港としたことで、諸国を結ぶハブ港の役割も果たすようになりました。

　嘉永7年（1854）、ロシア使節プチャーチンが大阪湾に軍艦で乗り入れる事件が起こると、大阪湾の防備は幕府にとって最重要の課題となります。また、安政5年（1858）に締結された日米修好通商条約において、兵庫は箱館、神奈川、新潟、長崎とともに開港場のひとつに定められました。以降、幕府はこの港を幕府海軍の拠点とするとともに、港湾機能の近代化も進めていきました。そのことが開港後、国際港湾都市として発展していく礎になっていきます。

天下統一と兵庫の港

争乱の終結と兵庫

　室町時代には日明貿易の根拠地であった兵庫の港は、応仁・文明の乱によって衰退し、国際貿易港としての地位を堺に譲りました。しかし、畿内と四国や九州を結ぶ瀬戸内海航路を押さえることが必要だった戦国大名たちにとって、兵庫はきわめて重要な港でした。織田信長や豊臣秀吉といった天下統一を進める武将たちも、この港を重視していました。

　16世紀の末、天下統一を目指す織田信長は、中国地方の毛利氏に対抗するため、摂津・播磨両国へ家臣の羽柴秀吉を派遣しました。しかし、一向衆の蜂起や、有力武将荒木村重の離反もあり、戦争は長期化し、兵庫の町場も焼き討ちを受けました。信長の後継となった秀吉は、兵庫を直轄地とし、豪商正直屋はその代官となって、経済的な保護を受けました。

　争乱は終わり、兵庫は泰平の時代を迎えることとなります。

重要文化財　織田信長像（部分）
天正11年（1583）
中国地方進出を目指す織田信長と、兵庫周辺勢力との争いは、一向衆の蜂起もあり長期戦となりました。

> 兵庫の重要性を理解していた

豊臣秀吉像（部分）　安土桃山時代
織田信長の没後、後継となった羽柴（豊臣）秀吉は兵庫を直轄地としました。

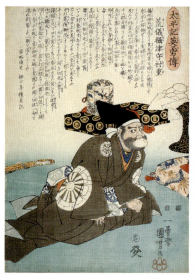

歌川国芳
太平記英勇伝 荒儀摂津守村重
弘化4年〜嘉永5年（1847-52）
兵庫を含む摂津国の有力武将、荒木村重は信長から離反し、兵庫の町場が焼き払われることとなりました。

船役銭請取状
天正11年（1583）10月8日
個人蔵・当館寄託
兵庫の豪商正直屋は、豊臣秀吉の代官となり徳政免除などの保護を受けました。

兵庫港のにぎわい

　戦国時代には戦火に見舞われた兵庫でしたが、江戸時代にはいると、尼崎藩領となり、その庇護(ひご)の下で港町として繁栄をみせるようになりました。江戸時代前期の兵庫を描いた屏風絵には、港に碇泊する沢山の船、荷卸しや商いの様子、往来する人々がみえ、当時のにぎわいがうかがえます。

　江戸時代後期、鍛冶屋町、宮前町など北浜地域の町々には、兵庫一の豪商北風家をはじめ大店が建ち並んでいました。1770年代に行われた海岸部の大規模な開発と港湾機能の整備により、以前に増して諸国の商船が集散するようになります。

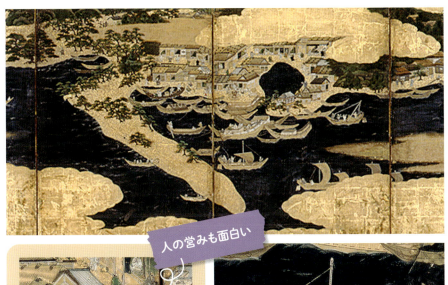

人の営みも面白い

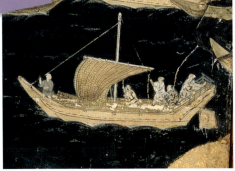

摂津国名所港津図屏風(こうしん)(部分)　江戸時代前期　堺市博物館蔵
左は米を脱穀する人々、右は船の筵帆(むしろほ)を張る様子。

江戸時代後期の兵庫

　この模型は、絵図や絵画資料などをもとに18世紀後半から19世紀初頭の兵庫北浜鍛冶屋町・宮前町付近を推定復元したものです。

にぎわいが伝わります

町屋が建ち並ぶ兵庫のまち

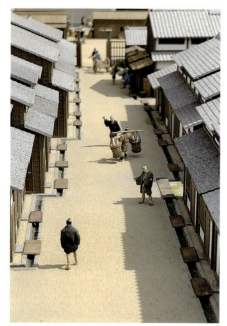

通りの様子

町場の日常

浜地のにぎわい

荷の陸あげ

3章 ● 兵庫津の繁栄

まちのしくみ

　兵庫は、大阪湾に突き出た和田岬に沿って南北2.7km、東西700mのエリアに約50の町が連なる都市です。これらの町々は、海に面する「北浜」「南浜」、それ以外の「岡方」にわかれ、それぞれ惣会所を設けて、名主や惣代を置いて町の運営を行っていました。また、兵庫全体にかかわる事柄は、名主らの話し合いによって決められています。

摂州八部郡福原庄兵庫津絵図
（部分）　元禄9年（1696）
個人蔵・当館寄託
現存が確認される最も古い兵庫のまちを描いた絵図。尼崎藩では、織田信長の武将池田恒興が築城した兵庫城跡に陣屋を置き、ここに兵庫奉行を派遣して、この町の支配を行いました。

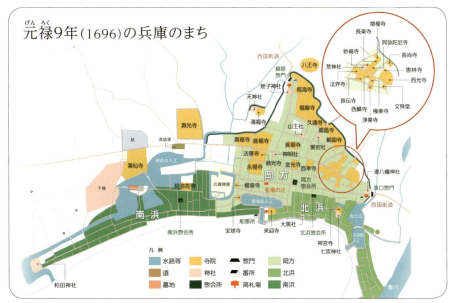

摂州八部郡福原庄兵庫津絵図より作成

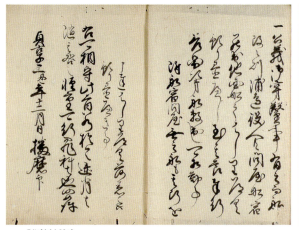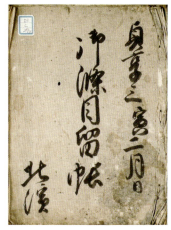

御条目留帳　貞享3年（1686）　個人蔵・当館寄託

貞享2年に藩主青山幸督が集大成し、発布した尼崎藩の法令を書き写したもの。
幕府や藩の法令を守ることやキリスト教、人身売買や博打、喧嘩口論の禁止などが定められています。

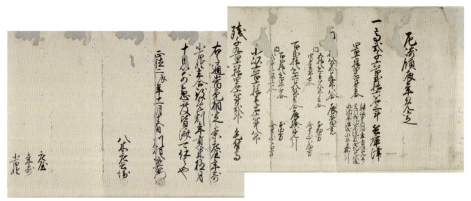

尼崎藩年貢免状（部分）　正徳2年（1712）

元和3年（1617）、戸田氏鉄が尼崎5万石の藩主となったのにともない、兵庫も同藩領となりました。その後、寛永10年（1633）氏鉄が美濃国大垣藩に移り、かわって遠江国掛川藩主青山幸成が尼崎藩主となります。さらに正徳元年、幸成から3代後の幸秀が信濃国飯山藩に移ったため、掛川藩主松平忠喬が尼崎城に入りました。
この免状は、忠喬が尼崎藩に移った翌年に、兵庫に対して出した年貢の割付状です。この免状によれば、兵庫に割り付けられた正徳2年の年貢高は1,590石あまりとなっています。

海道と街道の交差点

江戸時代の兵庫は、瀬戸内海航路の重要な港であるとともに、西国街道の宿駅でもあったことから、多くの人々が行き交いました。五雲亭貞秀の「西国名所之内 兵庫磯乃町」という錦絵には、行き来する船や港に碇泊するたくさんの船、街道を通行する大名行列が描かれています。

なぜ良い港だったのでしょうか

西国名所之内　兵庫磯乃町
五雲亭貞秀　慶応元年（1865）
西国街道から兵庫に入る西の入口、柳原惣門から大阪湾を一望する風景。町屋が密集する市中、海上に描かれた多くの船が、港町として繁栄する様子を伝えています。

兵庫港口（「摂津阪西名所写真帳」より）　明治時代初期
幕末から明治初年ごろの兵庫の港の様子。たくさんの船が碇泊し、商家の屋敷や蔵がびっしり建ち並んでいます。

ハブ港としての兵庫

　18世紀後半以降、兵庫では海岸部の大規模な開発が行われ、港湾機能の整備が進んだことから、北前船や尾州廻船などの新しい海運勢力が拠点とするようになります。また、船主たちは、全国的にも高い造船技術を誇る職人たちが集住するこの港を、長い航海で傷んだ船の修理や欠乏した船具の補給基地としても重視していました。

摂州兵庫図絵馬（複製）
原品は粟崎八幡神社
天保2年（1831）、加賀の豪商木谷氏が粟崎八幡神社（石川県金沢市）に奉納した絵馬の複製。木谷氏は木屋を屋号とし、兵庫の豪商北風家とも取り引きがありました。

海運の主力

　江戸時代の海運の主力は、弁才船と呼ばれる木造帆船でした。兵庫は造船業も盛んで、船大工や碇鍛冶など造船に携わる職人や商人が数多くくらしていました。現在の石川県や愛知県の船主たちは新しい船の建造を兵庫の船大工に依頼しています。また、長州藩の大坂蔵屋敷が年貢米輸送船の修理を兵庫で行っていたことも知られています。

造船場（「神戸覧古」より）　若林秀岳
明治34年（1901）　神戸市立中央図書館蔵

3章 ● 兵庫津の繁栄

人々のくらし

　約2万人の人々がくらした兵庫。諸問屋、穀物仲買、干鰯(ほしか)仲買、生魚問屋などの問屋商人、白米や青物、タバコなどの日用品や、京物・小間物・呉服などのぜいたく品を扱う商人たちのほか、船大工や大工、左官、鍛冶など数多くの職人もここにくらしていました。漁業も盛んで、近海でとれた魚介は「兵庫の魚」として親しまれ、大坂や京都にも流通しています。

ブランド化されていた「兵庫の魚」

兵庫生洲
(『摂津名所図会』より)
寛政10年(1798)
タイ、ブリ、ヒラメ、エビ、タコなど、さまざまな魚介を常時貯える水族館のような「兵庫生洲」は、人気の見物スポットとしてにぎわいました。

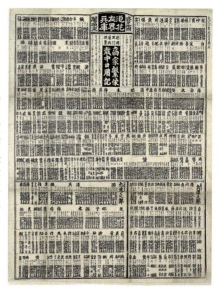

浪花左界兵庫商家繁栄歳中日用記
文久2年(1862)
大坂、堺、兵庫の著名な商家や職人たちをまとめた一覧表。
兵庫の部の筆頭には、鍛冶屋町で諸問屋を営んだ兵庫一の豪商北風荘右衛門(惣右衛門)の名前がみられます。北風家が店をかまえる鍛冶屋町や松屋町などの町々には問屋商が、魚市があった宮前町には生魚問屋が多く、川崎町や西出町に船大工や帆道具、碇鍛冶など造船にかかわる職人が拠点とするなど、兵庫の町々では、地域ごとに特色ある生業が営まれていました。

江戸時代の対外交流

　朝鮮通信使は朝鮮王朝から派遣された外交使節団で、江戸時代には12回派遣されています。尼崎藩が使節の応接役を務めたことから、応接地となる兵庫では準備に2年の歳月を費やしました。また、兵庫や周辺地域の人々と使節の間では、鼓笛や舞踊、書などを通じた文化的な交流もみられました。

朝鮮通信使行列図屏風　江戸時代　個人蔵・当館寄託
馬上で楽器を奏でる楽隊を先頭に、旗手、上判事が描かれています。それに続く輿(こし)に乗るのは正使でしょう。

正式な外交があったんだね

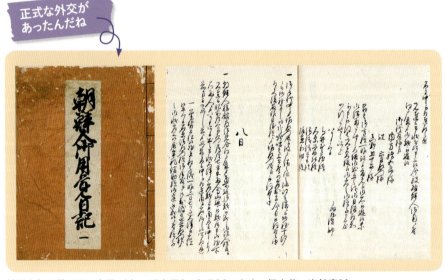

朝鮮人御用覚日記　宝暦12年〜明和元年（1762－64）　個人蔵・当館寄託
使節団は500人におよぶ大規模なもので、応接地とされた兵庫では、2年も前から使節団を迎える準備を始めています。

3章 兵庫津の繁栄

開港前夜

近代港湾都市の胎動

　18世紀半ばから19世紀半ばにかけての1世紀は、軍事力をともないつつ「開国」をせまる欧米諸国との交渉を重ねながら、これから進むべき国際関係について模索を続けた時代でした。安政5年（1858）にアメリカやヨーロッパの国々と結んだ通商条約において、兵庫は箱館、新潟、神奈川、長崎とともに開港場に選定されます。この港が開港場に選ばれたのは、水深が深いなど港湾としての自然条件はもちろんのこと、北前船や尾州廻船など、日本各地を結ぶ廻船集団が拠点とするハブ港的な機能を持ち、長い航海で傷んだ船を修理し、不足する船具を補給する基地として、この港を位置づけていたことと無関係ではありません。兵庫開港は、攘夷運動の隆盛や朝廷の猛烈な反対などにより延期されますが、この港は開港にむけて近代的港湾として整備されていくことになります。そして、それが開港後の発展の礎になっていくのです。

船がたくさん碇泊しています

神戸港写真　明治10年（1877）ごろ

近世社会の変容と明和上知

　明和6年（1769）、尼崎藩領だった兵庫は、西宮をはじめ灘目一帯の村々とともに幕府領に支配替えとなりました。これを「明和上知」といいます。この後、兵庫では海岸部の大規模な開発が行われ、19世紀にみられる経済的発展の基礎となりました。また、仕事を求めて多くの人々が流入し、都市域も大幅に拡大していきます。

兵庫勤番文書
江戸時代後期
明和上知後、大坂町奉行所の支所たる兵庫勤番所が設けられ、同奉行所から派遣される与力・同心（勤番）や地付同心らによって支配が行われるようになります。

明和上知と町場の拡大
明和上知後、兵庫では海岸部の埋め立てや造成が活発に行われ、諸廻船がこの港を拠点としたことで、経済的な発展とともに市街地を拡大させていきました。

兵庫津絵図（部分）
明和6年（1769）　個人蔵・当館寄託

兵庫津絵図（部分）
安政6年〜文久元年（1859-61）ごろ

3章 ● 兵庫津の繁栄

ペリー来航

　嘉永6年（1853）、アメリカ東インド艦隊司令長官マシュー・ペリーは、4隻の軍艦を率いて江戸湾に現れ、圧倒的な軍事力を背景に、大統領からの国書の受理を要求します。アメリカがペリーを日本に派遣した目的は、蒸気船の燃料となる石炭などの補給基地や太平洋で操業する捕鯨船の避難港を確保すること、そして新たな市場を開拓することにありました。

ペリー提督肖像画（部分）（『ペリー提督日本遠征画集』より）　1856年
嘉永6年（1853）、アメリカの使節ペリーは4隻の軍艦を率いて江戸湾浦賀沖に来航し、幕府に開国を求めました。

もうひとつの黒船来航

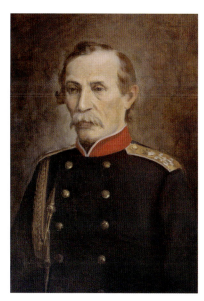

　嘉永7年（1854）、ロシア艦隊司令長官プチャーチンが軍艦ディアナ号で大阪湾に来航しました。当時、ロシアはクリミア戦争でイギリス、フランスと交戦状態にあり、天皇の住む京都に近いこの湾に乗り入れることで、日本に脅威を与え、交渉を早く優位に進めようとしたのです。開国へ向かう歴史の流れは、世界規模で動く国際関係のなかにありました。

プチャーチン提督肖像画　1856年
沼津市戸田造船郷土資料博物館蔵
ロシア使節プチャーチンは、天皇のいる京都に近い、大阪湾に軍艦で乗り入れ、幕府に開国を求めます。

天保山魯船図（部分）　嘉永7年（1854）ごろ
大坂・天保山沖に碇泊するロシア軍艦ディアナ号。画面左奥の小高い丘が天保山で、その左側が多くの廻船が行き交う安治川の河口。大阪湾の最奥部まで到達したロシア軍艦が、和船に比べて際立って大きいことがわかります。

> 厳重な防備体制がしかれました

嘉永七年寅九月魯西亜舶浪花辺海渡来ニ付諸家御固之図（部分）　嘉永7年（1854）
大阪湾に来航したロシア軍艦に対する警戒のため、天保山を中心とする大阪湾岸に布陣した諸大名の軍事部隊が描かれています。この時、大坂城代は手勢を含め数千人の兵を出陣させ、海岸の守りを固めました。

3章 ● 兵庫津の繁栄

海防と開港

　安政5年（1858）、幕府はアメリカやヨーロッパ諸国との間に通商条約を結びます。しかし、発言力を強める朝廷の意向に沿い、幕府は京都や大阪湾の防備にも取り組まなければならなくなります。また、1863年と定められた兵庫開港は、ヨーロッパに使節団を派遣して結んだロンドン覚書によって5年間延期されますが、開港へ向けた準備も重要な課題でした。

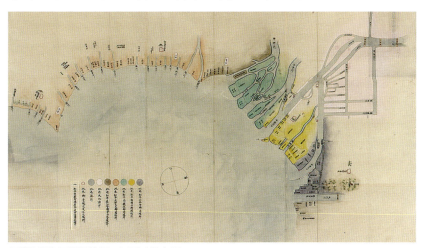

摂州海岸御固場所絵図　江戸時代末期
ロシア軍艦の来航事件以降、大阪湾の防備は幕府の重要な政治課題となります。安政5年（1858）には、長州藩、岡山藩、鳥取藩、土佐藩、柳川藩といった西国の大藩も、大阪湾岸の警備に就くようになります。

奥の砲塔が現存する和田岬砲台

和田岬砲台古写真　明治時代初期
砲台は、大砲を備えつける軍事施設です。文久3年（1863）、幕府は将軍の武威を内外に示すために、兵庫、西宮をはじめとする大阪湾岸で西洋式砲台の築造を進めていきます。

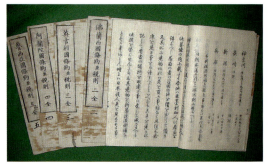

安政の五カ国条約　安政5年（1858）
アメリカやヨーロッパの国々と結んだ通商条約において、箱館、新潟、神奈川、長崎とともに、開港場に定められた兵庫。その実現も、幕府の重要な政治課題でした。

文久遣欧使節のハーグでの国王訪問式典における式辞を掲載したポスター
文久2年（1862）
攘夷運動の高まりや朝廷の猛烈な反対、先行する箱館、横浜、長崎開港にともなう国内経済の混乱により、幕府は勘定奉行兼外国奉行竹内保徳を正使とする使節団をヨーロッパに派遣して、兵庫、新潟の開港と江戸、大坂の開市を延期する交渉を行いました。ロンドン覚書によって、兵庫の開港は1868年1月1日まで5年間延期されることが決まりました。

歴史的な一瞬を見逃すな！

大坂において将軍に謁見するパークス（「イラストレイテッド・ロンドン・ニュース」1867年8月24日号挿絵）
慶応3年（1867）3月28日、大坂城で将軍徳川慶喜はイギリス公使ハリー・パークスをはじめ、フランスやオランダの公使と会見し、ロンドン覚書の取り決めどおり、兵庫を開港することを伝えました。

3章 ● 兵庫津の繁栄

港の近代化

　幕末の兵庫と神戸は、幕府海軍の拠点に位置づけられ、港の機能の整備・近代化が図られていきます。大阪湾内の安全な航行を実現するための海図の製作、蒸気船の燃料となる石炭の供給体制の整備や炭鉱開発、神戸海軍操練所の建設や造船所の設置計画など多岐にわたります。また、来るべき開港にむけて、石炭蔵の増設や灯台の設置、外国人居留地の造成なども、順を追って進められました。

大坂・兵庫・友ヶ島海図　文久3年（1863）
（右：全図・下：兵庫海図部分）
幕府軍艦方の近代的な測量に基づいて作成された海図。水深は間尺で表されていますが、経緯度や磁針方位、距離尺が備えられており、近代的な海図としての技術水準を満たすものでした。

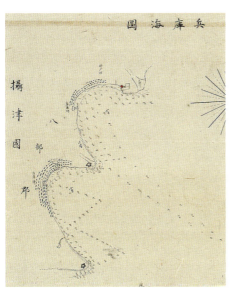

兵庫海図には生田川から和田岬までの範囲が描かれています。神戸村と兵庫の港内には碇泊所を示す碇のマークが見えます。
また、和田岬と湊川崎に記された星形は建設が始まったばかりの和田岬砲台と湊川砲台を表しています。

61

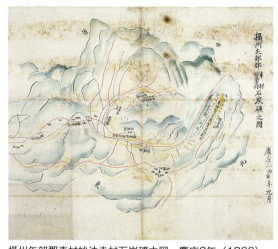

摂州矢部郡車村妙法寺村石炭礦之図　慶応2年（1866）

石炭（妙法寺駅北側高速道路工事現場採取）　平成4年（1992）

これは、妙法寺駅北側の高速道路工事の際に採取されたもの。炭鉱は廃れてしまっていますが、現在でも工事などで掘り起こすと、その痕跡に出会えることがあるようです。

幕末には、車村・妙法寺村（現須磨区）で炭鉱開発も進められました。慶応3年6月には妙法寺村で新たな鉱脈が見つかり、この年に採掘された石炭は1,580トンにのぼります。

隣の円筒形の建物は和田岬砲台

和田岬灯台写真　明治時代初期

移築された和田岬灯台

慶応3年（1867）4月に幕府がイギリスとの間で結んだ大坂約定において建設が決まった5基の灯台のひとつです。この約定は明治政府に引き継がれ、イギリス人技師リチャード・ヘンリー・ブラントンの設計で明治4年（1871）に完成し、翌5年1月に初点灯されています。この灯台は木製で火災の危険性があったことから、明治17年に鉄製灯台に改築されています。鉄製灯台は昭和38年（1963）まで使用され、廃灯後は須磨海浜公園に移築され、平成10年（1998）に国の登録文化財となりました。

コラム
「兵庫勤番文書」の世界

　明和6年（1769）に実施された「明和上知」後、兵庫・西宮の支配を行うために設けられた大坂町奉行所の支所が兵庫、西宮の勤番所です。勤番所には、それぞれ大坂町奉行所の与力・同心各1名が1カ月交替で派遣されることになりました。これを「勤番」といいます。そのほか勤番所には、飛騨高山代官所から移住させた地付き同心や門番、牢守、船見番などが置かれました。また、大坂町奉行所内には兵庫や西宮の支配を管轄する「上知役」や「兵庫・西宮掛り」という役職も設けられています。このように、勤番所の組織・機構は明らかなのですが、そこでどのように職務が行われていたのかは、ほとんど知られていませんでした。しかし、勤番与力・同心らが作成した記録の断片が発見されたことで、おぼろげながらその実態がみえるようになってきました。

「兵庫勤番文書」の発見

　平成29年（2017）、当館に「兵庫勤番文書」が寄贈されました。これ、実は奈良県のとある寺院で襖の裏張りとして使用されていたものです。全部で290枚ほどの紙片ですが、なかには「慶応三卯年十一月三日」の文書も確認できます。神戸開港が慶応3年12月7日（1868年1月1日）。その直前までの記録が含まれていることになります。翌1月3日、鳥羽伏見の戦いを皮切りに戊辰戦争が始まると、兵庫勤番所はその機能を失いますから、それにともなってこれらの文書は現用性を失い、古紙として売却されたのでしょう。それが奈良のお寺で襖の裏

勤番所（『神戸覧古』より）若林秀岳　明治34年（1901）
神戸市立中央図書館蔵

張りとして用いられ、現代に至り、改めて修理が行われたことで、その存在が再発見されました。残念ながら、これらは裏張りにあたり解体・裁断され、当初の姿をとどめていません。しかし、丹念に繋ぎ合わせてみると、勤番たちの仕事ぶりが少しずつ甦ってきます。

兵庫勤番の職務

　それでは、「兵庫勤番文書」から、その一端をのぞいてみましょう。例えば、寛政元年（1789）12月、代官石原庄三

郎の手代が江戸に送る年貢米の船積み検査を行うにあたり、勤番与力らは年貢米の一時保管蔵のある兵庫北浜東出町の役人と所有者を呼び出し、臨時的な警備を命じています。

　兵庫を通行する大名の情報を大坂町奉行所に報告するのも彼らの仕事でした。彼らは、大名が立ち寄る本陣や旅宿にその状況を報告させ、「宿留帳」という帳簿に記録します。これには明石、龍野、姫路など近隣の大名から、中国、四国、九州地方の大名まで少なくとも32藩の通行が記録されています。通行理由は、参勤交代の行き帰りがほとんどですが、なかには大坂城の守衛を担う加番に就任するため、というのもあります。滞在期間は短く、一泊または昼休憩のみで出発しています。立ち寄り先は、本陣衣笠又兵衛家が最も多く、兵庫特有の船宿浜本陣と個別の関係を持つ大名は、ここを宿所としています。

　「兵庫勤番文書」に含まれる記録で最も多いのは、兵庫市中のパトロールや犯罪の捜査、犯人逮捕など、治安の維持に関するものです。大坂町奉行所盗賊方は大坂の非人組織である四ケ所に命じて、犯罪の捜査や市中のパトロールに従事させていました。四ケ所のトップにある長吏の下には摂津・河内・播磨三国の村方非人番が組織されていて、彼らのネットワークを通じて広域的治安維持を実現していました。兵庫の非人組織も1740年代に四ケ所の下に組織されるようにな

り、勤番与力・同心らの命に従って同様の御用に従事しています。

　彼らがパトロール先で捕縛した無宿の取調書によれば、無宿長兵衛が兵庫魚棚町で大工道具を盗んでいたことや、姫路の源蔵と無宿佐蔵が備前国牛窓（現岡山県）の藤吉らと盗みを繰り返していたことが判明しています。また、慶応3年には、兵庫の小川屋甚四郎が伊勢の市蔵や京の秀吉、金比羅の定吉ら無宿9名に協力し、盗品の売買をするための船を出していたことなども明らかにしています。

　18世紀半ばの惣会所日記には、兵庫や灘目地域が「物騒」だとする記述も散見されますから、「明和上知」にはこの地域の治安対策強化という側面もあったと言えるでしょう。

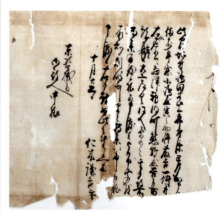

勤番与力仁木謙吉が大坂東町奉行所盗賊方にあてた盗品に関する報告。縦横の茶色の線は襖の桟の跡。江戸時代後期・10月22日

4章

開港
～世界との交わり～

　1868年1月1日（慶応3年12月7日）に神戸は開港します。神戸の開港を規定した安政の五ヶ国条約は、外国側への治外法権の認可や、関税自主権の一方的喪失など、不平等な条項を含むものでした。この条約の改正は明治政府最初期からの大きな課題となり、日本は西洋から政治制度や産業技術、文化を移入し、急速な近代化を進めていきます。
　一方で、これらの条約によって設けられた外国人居留地、およびその周辺につくられた雑居地において居住・商業活動を始めた外国人との交渉は、神戸の地に新しい文物や進取の気風をもたらしました。条約改正によって外国人居留地が廃止された後も、神戸は日本最大級の国際貿易港として、また、ブラジルへの移民船が神戸から出発したことに象徴されるように、国際航路の発着地として、国際港都への道を歩み続けます。
　近代神戸には、輸出品を製造する製茶業・マッチ製造業・紡績業、原料に輸入品を用いるゴム工業・造船業・鉄鋼業など、貿易と関わりの深い新しい産業が興りました。貿易取引の増大は、商社や金融の進出を促し、やがて壮麗な近代建築が並ぶ都市景観を生み出します。
　文化面でも、大衆的な都市文化が花開きます。神戸周辺では戦前から交通網が発達し、名所や観光地、娯楽が喧伝され、大規模なイベントも開催されました。また、貿易や来神する外国人を通じてもたらされた洋食や洋装、西洋風の住まい、ゴルフやパーマネントなど海外の新しいライフスタイルは、現在に至るまで、異国情緒あふれる街神戸のイメージを形づくっています。

4章 ● 開港〜世界との交わり〜

外国人と神戸

外国人居留地の成り立ちとしくみ

　外国人居留地とは、日本と通商条約を結んでいた国の人（イギリス人、アメリカ人、ドイツ人など）が、居住や営業を許可された一定の区域のことです。当時、外国人の土地所有は認められていなかったので、居留地の土地は、政府による競売の落札者によって半永久的に借地されるという形式がとられました。

　インフラの整備や、警察や消防など、居留地の管理・運営は、各国領事と居住者たちのなかから選出された行事、日本の官吏によって構成されている居留地会議にゆだねられました。

　外国人居留地は、改正条約の発効で内地雑居が認められ、外国人の居住と移動に制限がなくなった明治32年（1899）に廃止されました。

神戸に現れた異国の景観

居留地海岸通　日下部金兵衛　明治時代中期
居留地内最南端にある海岸通の様子です。
広い通りに沿って洋館が並んでいます。

神戸市指定文化財　神戸外国人居留地計画図
J.W.ハート　明治時代中期
「KIO-MACHI（京町）」「AKASHI-MACHI（明石町）」など、現在も残る居留地内の通りの名が書かれています。

神戸外国人居留地下水道管
明治時代初期

このレンガ造りの下水道管は、昭和60年(1985)2月に、当館に近い海岸通の一角で、工事中に発見されました。140年以上も使われていたことを考えると、その優秀な技術に驚かされます。居留地は海岸近くに造成されたため、上水道よりも、雨水排水などの下水道の完備が優先されました。

外国人旅行免状
明治26年（1893）

外国人が規定区域を越えて日本国内を旅行するには、許可が必要でした。これは、日本の外務省が、イギリス人の「ウヰリヤム、ウーヅ氏及娘壱名」（ウィリアム・ウーヅ氏と娘1名）に対して発行した旅行の許可証です。

現在の旧居留地でも地番を示した石碑がみつかります

68番館の門柱

103番の標柱

124番の標柱

居留地の地番

整然と区画された居留地の土地には、1～126番の地番がつけられました。

4章 ● 開港～世界との交わり～

　居留地、雑居地を有する神戸には、多くの外国人が住んでいました。彼らは、コーベ・クラブなどの外国人のための社交の場をつくり、英字新聞を発行するなど、独自の社会を形成していました。一方で、日本人社会との交流も多く、神戸港長となり築港計画を作成したマーシャルのように日本の役所から仕事をゆだねられたり、グルームのように日本人女性と国際結婚したりする例もありました。また、外国人商館で働く日本人もいました。

　さまざまな分野で日本人と外国人との交流がみられたのは、近代都市神戸の大きな特色のひとつでした。

アーサー・ヘスケス・グルーム（Arthur Hesketh Groom）

グルーム肖像
「グルーム氏個人アルバム１」より　明治時代

イギリス出身。神戸開港後まもなく来日。オリエンタル・ホテルの経営に携わり、また、神戸ゴルフ倶楽部を創設して、ゴルフを日本に広めました。明治28年（1895）に彼が六甲山に別荘を構えたことは、六甲山のリゾート開発の端緒となります。彼の功績を称え、明治45年、六甲山上に「六甲開祖之碑」と刻まれた顕彰碑が建てられました。

六甲山でゴルフを楽しむ女性たち
「グルーム氏個人アルバム２」より　明治時代後期

アレクサンダー・ネルソン・ハンセル（Alexander Nelson Hansell）

仕事中のハンセル
「ハンセル氏個人アルバム」より
明治23年（1890）ごろ

イギリス出身の建築家。明治21年（1888）に来日し、香港上海銀行神戸支店、コーベ・クラブなどの設計を行いました。彼の作品のなかには、同志社大学ハリス理化学館、シュウエケ邸（旧ハンセル自邸）など、建てられてから100年以上経っても守り伝えられている建築があります。

同志社大学ハリス理化学館
「ハンセル氏個人アルバム」より
明治23年（1890）ごろ

北野町 「神戸風景風俗写真帳」より
明治時代中期〜後期

神戸の山手には、明治20年（1887）ごろから、外国人の住居「異人館」がさかんに建築されました。それまでの居留地の建物は、商館や倉庫、ホテル、職住兼用のものが多かったのに対し、山手の建物は、主に居住用として使われました。異人館は、木造2階建が多く、ベランダや張り出し窓、上げ下げ窓によろい戸、下見板張りといった特色をもっています。異人館が現存する神戸の北野・山本地区は重要伝統的建造物群保存地区に指定されており、旧トーマス住宅（風見鶏の館）、旧シャープ住宅（萌黄の館）などは内部見学が可能です。

「居留地西側の境界（鯉川筋）」
C. B. バーナード　明治11年（1878）

神戸外国人居留地西側の境界「Division Street」（現在の鯉川筋）を描いた水彩画です。立ち話をする中国人、人力車や荷車を引く人々、籠かきの姿などがみえ、白黒写真からではうかがえない、色鮮やかな街の風景や人々の風俗がよみがえってきます。

和洋折衷で、時代とにぎわいが伝わります

摂州神戸海岸繁栄之図　長谷川小信（二代貞信）　明治4年（1871）

神戸外国人居留地の南端にある海岸通を西から望んだ構図で描いた錦絵。開港当時のにぎわいをよく伝えています。

居留地と雑居地

　開港の約半年前に結ばれた、「兵庫港並びに大坂に於て外国人居留地を定むる取極」によって、神戸（兵庫）の居留地を、神戸町と生田川との間に設けることが定められました。しかし、居留地造成が開港に間に合わず、また手狭でもあったため、生田川と宇治川を東西の境、山裾と海岸線を南北の境とする雑居地を設けることになりました。雑居地では、日本と条約を結んでいない外国人（中国人など）も、日本人から土地を借りて居住、営業することが可能でした。

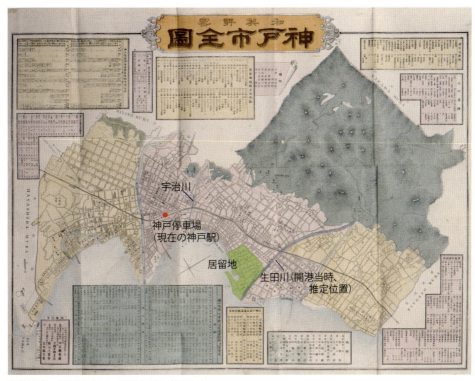

和英詳密　神戸市全図　明治24年（1891）
※居留地の範囲および生田川流路の着彩、宇治川および神戸停車場の記載は筆者による加筆
緑で着色した部分が居留地で、生田川と宇治川を東西の境、山裾と海岸線を南北の境とする広い地域が雑居地の範囲です。今も異人館が残る北野や、中華街として有名な南京町は、雑居地に含まれています。

明治時代中期の神戸外国人居留地

　神戸外国人居留地は、慶応3年12月7日（1868年1月1日）の神戸開港にともない設けられました。整然と計画された縦横の道路に沿って木造、煉瓦造の洋風建築や、外国商館の倉庫が街並みを構成しており、「東洋一美しい居留地」とも称されました。日本国内の外国人居留地は、明治32年（1899）に、改正条約の発効によって廃止されました。

　神戸外国人居留地内の土地は126の区画に分けられ、1～126の地番が付されていました。以下、明治時代中期にあった建物や名所を紹介します（建物名の後の番号は地番）。

香港上海銀行神戸支店（2番）

明治時代初期に保険代理業や製紙業を営んでいたウォルシュ・ホール商会として建てられたもので、のち香港上海銀行となりました。均整の取れた古典主義の建物で、神戸における初期の居留地建築の代表例として評価されます。

「神戸関係写真」より　明治時代初期～中期

オリエンタル・ホテル（80番）

明治3年（1870）に地元英字紙「ヒョーゴ・ニュース」の広告にその名が登場して以来、度々経営者や場所を変えながらも、名門ホテルとして居留地に存在し続けました。このホテルでは明治時代から本格的な洋食が供されており、高い評価を受けていました。

「神戸写真帳」より　明治時代中期

十五番館（15番）

明治13年（1880）ごろに、居留地15番の土地に建てられました。現在も旧居留地内に残っている、唯一の居留地当時の建物です。アメリカ領事館や、バターフィールド＆スワイヤ社の責任者であったH.L.バーガレーの住宅として使用されていました。阪神・淡路大震災で全壊しましたが、元の部材を用いて、耐震構造で復元されました。重要文化財。

「バーガレー氏個人アルバム２」より　明治時代中期

4章 ● 開港～世界との交わり～

パブリック・ガーデン

居留地内に設けられた小さな公園。居留地では消防隊が編成されており、パブリック・ガーデン内に、火事を発見するための火見櫓(ひのみやぐら)が設けられていました。

居留地の火見櫓 「神戸名所写真帳」より
明治時代初期～中期

京町筋

居留地内にのびる南北方向の通りのなかで最も広い道幅をもつ、メインストリート。居留地内の通りの位置は、明治5年(1872)にJ.W.ハートが作成した「神戸外国人居留地計画図」(当館蔵)に記されたものとほぼ変わっていません。

「古写真　居留地京町筋」
明治時代初期～中期

プロムナード

居留地の海岸通は、海沿いを東西にのびており、海に面して西洋風の商館が建ち並ぶ風情は、土産用の写真や絵葉書に取り上げられました。海岸通の海側には、プロムナードと呼ばれる緑地帯が設けられており、夕方には外国人たちが散歩を楽しんだといいます。

「居留地海岸通」　日下部金兵衛
明治時代中期

メリケン波止場

居留地の西端に位置する鯉川筋を海側へ下ったところに波止場が設けられ、汽船の発着や荷揚げが行われていました。波止場付近、現在の神戸郵船ビルの位置にアメリカ領事館があったことから、「メリケン波止場」と呼ばれていました。

メリケン波止場 「神戸名所写真」より
明治時代中期

昭和時代初期の神戸外国人居留地

　明治32年（1899）に返還された外国人居留地へは、その後、日本の船会社や貿易商などが進出してきます。居留地時代の木造、煉瓦造の建物にかわり、重厚なコンクリート造の建物が増え、大規模化、高層化していきます。この傾向は、戦時色の強まる昭和15年（1940）ごろまで続きます。

　以下、昭和時代初期にあった建物や名所を紹介します（建物名の後の番号は地番）。

「横浜正金銀行神戸支店　新築工事写真」より　昭和10年（1935）

横浜正金銀行神戸支店（13、14、23、24番）

横浜正金銀行は明治13年（1880）に設立された貿易金融の専門銀行。神戸支店は同年に栄町に開設され、昭和10年（1935）、本建物の新築にともなって現在地に移転しました。設計は桜井小太郎建築事務所。建物正面（東側壁面）に6本のドリス式半円柱が並ぶ、古典主義様式の建築です。内部改修と新館の増築を経て、昭和57年（1982）に神戸市立博物館として開館しました。

大丸神戸支店（40、41番）

老舗のデパートメントストア。神戸支店は、昭和2年（1927）にこの場所に移転しました。昭和初期には、大丸周辺のにぎわいを捉えた絵葉書も作成されています。

大丸神戸支店　「神戸名所等絵葉書」より
昭和時代初期

クレセントビル（72番）

外国商社などが入っていた建物。神戸の画家、川西英や別車博資の絵の題材にもなりました。建て替えられた現在の新クレセントビルも、アーチ型の窓や壁面装飾といった特徴を受け継いでいます。

クレセントビル付近　「神戸市関係絵葉書」より
大正時代～昭和時代初期

4章 ● 開港〜世界との交わり〜

香港上海銀行神戸支店（2番）

この香港上海銀行の建物は、設計はA.N.ハンセルで、以前の建物（72ページ）にかわって明治35年（1902）に建てられました。煉瓦、石造の華麗な建築でしたが、戦災によって失われました。

神戸メリケン波止場「日本旅行記念 写真絵葉書張込帳」
明治45年（1912）ごろ

オリエンタル・ホテル（6番）

明治3年（1870）に地元英字紙「ヒョーゴ・ニュース」の広告にその名が登場して以来、度々経営者や場所を変えながらも、名門ホテルとして居留地に存在し続けました。この建物は、明治40年にホテルの新館として竣工しましたが、戦災によって失われました。

オリエンタル・ホテルと大阪商船ビルディング
「神戸絵葉書帳1」より　大正時代後期〜昭和時代初期

コーベ・クラブ

明治2年（1869）以来の歴史をもつイギリス系の外国人社交クラブ。東遊園地の南側にありました。A.N.ハンセル設計。戦災によって失われました。

1936年のクリスマスカードに添付された記念写真「With the Compliments of the Seasons and Best Wishes 1936」昭和11年（1936）

居留地模型

明治時代中期と昭和時代初期の居留地を再現した模型。備え付けのタッチパネルを用いて、模型のなかを散策する擬似体験をすることができます。背後には、明治時代と昭和時代の居留地の写真を高画質で映写しています。

タッチパネルでまち歩き

居留地模型全景

部分拡大

にぎわう神戸

　居留地返還当時、神戸在住の外国人で最も多かったのは中国人であり、イギリス人、フランス人、ドイツ人が続きました。居留地に住む西洋人の多くは、商館の運営に携わっていました。商館では多く貿易業が営まれ、日本人商人たちと輸出入品をやり取りしていました。中国人も、中国への輸出入や、外国商館と日本人商人の仲立ちなどの商業活動を行っていました。

摂州神戸新建西洋館市街賑ィ之図
長谷川小信（二代貞信）　明治4年〜明治8年（1871−75）
長谷川小信は、大阪の浮世絵師で、明治時代初期に、開港後の神戸を題材にした錦絵を複数制作しています。タイトルになっている西洋館（西洋式の建物）は、アーチ型の窓、よろい戸、ベランダなどをもち、色とりどりに塗られており、開港以前の日本人が見慣れていた建物とは全く違うものでした。行き交うさまざまな国の人々の姿や、馬車、ガス灯、国旗などが描かれているこの絵からは、開港によって劇的に変化していく神戸の様子が感じられます。

これに乗れば目的地まで楽々！

「人力車」明治時代後期〜大正時代
人力車は、明治時代はじめに考案された、新しい乗り物です。電車や自動車が発達するまでは、旅客用の重要な交通機関として、全国に普及していました。神戸を題材にした絵画や、神戸で撮影された写真にも、人力車の姿がみられます。

産業と貿易

　明治時代の日本は、欧米の技術を積極的に取り入れて、国内産業の育成を推進しました。神戸港は開港後すぐに、横浜に次ぐ大貿易港となったため、神戸で発展した産業には、港が近いという立地を生かしたものが多くあります。

　開港当初より主要な輸出品であった茶は、海上輸送前に再製作業を必要としたため、製茶業が発展しました。また、輸入によって鉄などの資材を手に入れやすかったことが、明治時代初期からの造船業の発達と、川崎（明治19年〔1886〕設立）、三菱（明治38年設立）の二大造船所の設立につながりました。明治20年代後半には、神戸が日本最大の生産地であったマッチが、輸出品のなかで高い割合を占めるようになりました。明治時代後期〜大正時代には、港から輸出されたゴムを用いて、タイヤや動力用ベルトなどをつくる、ゴム産業も盛んになりました。

輸出茶の梱包作業（ヘリア商会）
「ヘリア商会関係写真」より　明治時代中期〜後期
神戸外国人居留地内にあったヘリア商会の倉庫と作業場です。茶は明治20年（1887）ごろまで、神戸港で輸出額第一位を占めました。西日本各地から集められた茶は、外国商館の作業場で、火入れして乾燥させる再製作業を経たのち、積み出されました。

輸出茶の商標　SUMITOMO　明治時代中期〜後期
木版摺で色彩が華やかです。茶の商標の題材としては、日本的な風物が好まれました。大阪の豪商住友は、明治21年（1888）に茶の再製工場を神戸につくり、製茶輸出業に進出しました。

日本産物雑品図略　明治時代初期
ロンドンにあるホーム商会神戸支店の、輸出商品カタログです。当時、ホーム商会が扱った日本からの輸出品を挿絵入りで載せています。陶磁器、うちわ、竹籠、屏風などを扱っていたことがわかります。

輸出用の花筵(はなむしろ)（デラカンプ商会）
「デラカンプ氏関係アルバム」より
明治時代中期～後期

神戸外国人居留地内にあったデラカンプ商会の倉庫です。輸出用の花筵が積まれています。花筵は主に岡山で生産され、神戸港から輸出されました。

川崎造船所　船台　「川崎造船所写真帳」より
明治40年（1907）

神戸では、開港後、近代的な造船業が開花しました。明治時代後半には、欧州航路の開拓など、海運業の隆盛によって、神戸で多くの大型船舶が誕生しました。

集めたくなっちゃう！

マッチラベル　近代

マッチ輸出では、神戸在住華僑(かきょう)が活躍しました。中国風のデザインや広告つきのものなど、さまざまなラベルがつくられました。

軸列機　近代

マッチ製造の過程で使われる軸列機。マッチの木軸に均等に薬品をつけるために木軸を均一に並べる工程、「軸並べ」の機械化を可能にしました。

港都の繁栄

　貿易取引の増大は、神戸への商社、海運会社、金融機関の進出を促しました。鈴木商店は、明治7年(1874)、神戸で洋糖取引商として創業し、樟脳や鉄、船舶の販売など事業を多角化させていき、第一次世界大戦による需要増大のなかで、総合商社として躍進しました。

　また、大阪商船会社や日本郵船株式会社、第一国立銀行、三井銀行、横浜正金銀行、香港上海銀行などが神戸に支店を構え、大正時代に入ると栄町通および旧居留地を中心に、重厚で壮麗な近代建築が軒を並べるようになりました。

栄町通　「写真絵葉書等貼込帳　オールドKOBE」より　昭和時代初期
左手の建物は三井銀行神戸支店。

栄町通　「神戸関係絵葉書」より　昭和時代初期

拡大する都市

市域の拡大とインフラ整備

　明治7年（1874）には、居留地内でガス事業が認可され、ガス灯が夜の闇を照らし始めました。居留地外へのガスの供給は、明治32年の神戸瓦斯会社の設立以後です。一方で、明治21年には神戸電灯会社が設立されており、市内への電気の供給が始まっていました。衛生状況改善のため、明治33年には下水道も整備されました。

　ガス灯点灯と同年、神戸―大阪間に官営の鉄道が開通しました。明治5年の新橋―横浜間に続き、日本で2番目の開通でした。続いて私鉄も神戸と周辺の町を繋ぐ路線の開通を始め、現在につながる神戸の鉄道網が形作られていきました。

　明治時代初期には、海岸通や栄町通（さかえまちどおり）など、現在も残る道路もつくられ始めました。運輸を支える大規模な幹線道路としては、昭和元年（1926）に開通した阪神国道（国道2号）があります。

神戸の夜を照らす
やさしい明かり

神戸外国人居留地内のガス灯
「旧南蛮美術館所蔵写真」より　明治時代中期
ガス灯は明治5年（1872）に横浜ではじめて導入されました。神戸では外国人居留地内で明治7年に点灯しました。

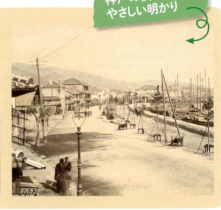

雑居地海岸通の電灯
「神戸名所写真」より　明治時代中期
神戸では、明治20年（1887）に神戸電灯会社が設立され、翌年、湊川神社と相生橋（あいおいばし）への送電を開始しました。

4章 開港〜世界との交わり〜

築港第一期工事が完成したころの神戸港
「神戸古写真」 大正時代後期
大正11年（1922）に完成した神戸港の築港第一期工事では、神戸税関近くに第一突堤〜第四突堤がつくられ、貿易のための本格的な港湾の設備が整えられました。築港第二期工事では、その東側にさらに突堤を設け、西側の兵庫にも突堤を造成することが計画されました。築港第二期工事は、昭和14年（1939）に一通り完成しました。

汽車を上から見学できます

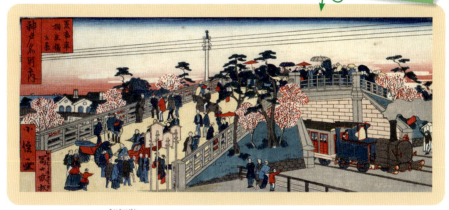

神戸名所之内　蒸気者相生橋之景　長谷川小信（二代貞信）
明治7年（1874）ごろ
相生橋は、神戸駅の東に設けられた跨線橋（鉄道をまたぐ橋）です。当時跨線橋は珍しく、相生橋は神戸の名所となり、橋の上は汽車を見物しようとする人々でにぎわいました。開通当時、機関車はイギリス製、機関士もイギリス人で、神戸―大阪間を1日8往復、70分かけて運転しました。

栄町通を東から西に向かって撮影したと推定できる風景
「神戸初期写真　栄町通を西に望む風景」
明治時代初期
明治6年（1873）に相次いで、神戸を東西に横切る道路が開通しました。

市域の拡大とインフラ整備年表

1870	明治3年	神戸東運上所に電信局が設置され、神戸—大阪間に電信が開通
1873	明治6年	山本通、中山手通、下山手通、海岸通、栄町通開通
1874	明治7年	神戸—大阪間の鉄道開通
〃	〃	居留地内でガス事業が始まり、ガス灯がつく
1877	明治10年	神戸—京都間の鉄道開通
1878	明治11年	郡区町村編成法制定、翌年神戸区誕生（後の神戸市の原型）
1888	明治21年	山陽鉄道兵庫—明石間開通
〃	〃	神戸電灯会社が湊川神社と相生橋に送電を開始し、電気が点灯
1889	明治22年	町村制施行により神戸市が誕生、以後周辺市町村を合併し拡大
〃	〃	東海道線の新橋—神戸間全線開通
1893	明治26年	神戸電話交換局開設、電話通信を開始
1899	明治32年	神戸瓦斯会社設立（開業は明治34年）
1900	明治33年	水道事業開始
1905	明治38年	阪神電気鉄道神戸（三宮）—大阪間開通
1910	明治43年	兵庫電気軌道（現在の山陽電鉄）兵庫—須磨間開通
〃	〃	神戸電気鉄道（後の神戸市電）春日野—兵庫間開通
1920	大正9年	阪神急行電鉄（現在の阪急電鉄）神戸（上筒井）—梅田間開通
1922	大正11年	築港第一期工事完成
1926	昭和元年	阪神国道完成
1928	昭和3年	神戸有馬電気鉄道（現在の神戸電鉄）湊川—有馬温泉間開通
1930	昭和5年	市営バス運転開始
1936	昭和11年	阪神電気鉄道、元町まで延長
〃	〃	中突堤完成
〃	〃	阪神急行電鉄三宮高架乗り入れ、営業開始
1939	昭和14年	築港第二期工事完成
1958	昭和33年	淡河村を合併、市域がほぼ現在の形に（埋立地等を除く）

4章 開港〜世界との交わり〜

変化するくらし

市民のたのしみ

　交通網の発達によって、人々は容易に行楽地へ向かうことができるようになりました。須磨、舞子は、近世以前から続く名勝地で、海水浴を楽しむ人もいました。明治28年（1895）にイギリス人A. H. グルームが別荘を建てたことをきっかけに開発が始まった六甲山は、登山やゴルフ、スケートを楽しむ憩いの場となりました。湊川が付け替えられた後、その場所につくられた新開地には、映画館や劇場が並び、戦前の神戸最大の繁華街となりました。

　昭和5年（1930）の「観艦式記念海港博覧会」、昭和8年の「第一回神戸みなとの祭」など、大規模なイベントも開催され、市外の観光客も神戸を訪れました。

第一回神戸みなとの祭ポスター
昭和8年（1933）
神戸の画家小磯良平が原画を描いた、第一回神戸みなとの祭（昭和8年11月7日―8日）のポスターです。第一回神戸みなとの祭のなかでは、「みなとの女王」として一人の女性を選び、戴冠式を行うという催しが行われました。このポスターは、祭に先立ち、みなとの女王の戴冠式をイメージして描かれています。戴冠式のほかには、諸外国の人々が、その国の特徴的な衣装でパレードを行う国際大行進、各時代の装いを身につけた人々が練り歩いて神戸の歴史を振り返る懐古行列などが行われました。

みなとの女王の戴冠式　「神戸関係絵葉書帳」より　昭和8年（1933）

左下には川崎造船所のガントリークレーン

神戸マーケットポスター
大正時代後期〜昭和時代初期
繁華街であった湊川新開地には、白木屋、日の出デパート、神戸デパートといった高層デパートが建てられました。

山水美しき　神戸名勝
FINE VIEWS OF KOBE
大正時代後期〜昭和時代初期
布引の滝、六甲山のロープウェー、神戸港、元町商店街、湊川公園、湊川新開地、須磨遊園などの名所を採録した絵葉書です。

4章 ● 開港〜世界との交わり〜

ファッションの変化

　開港後、男性の洋服と靴の着用は政府官員などから始まり、明治時代中期には一定の広がりをみせました。対して、女性の洋装化にはより長い時間が必要でした。明治時代中期から、和服にも洋服にも似合う髪型「束髪(そくはつ)」の推進が始まりましたが、洋服を着用していたのは西洋人や上流の婦人に限られていました。女性の洋装が一般的に普及したのは、大正時代になってからのことです。

大日本婦人束髪図解　安達吟光
明治18年（1885）
明治時代になっても、女性の髪型に大きな変化はありませんでしたが、明治18年に大日本婦人束髪会によって提唱された束髪は、実用的で洋和装の両方に似合ったため大流行し、日本髪とともに当時の女性の髪型の主流となりました。西洋上げ巻、イギリス結び、マーガレイトなどの種類があり、結い方を紹介するこのような錦絵も発行されました。

The Climax System for Cutting Gentlemen's Garments（紳士服裁断法の頂点）挿絵　「白崎治郎助関係資料」より
T. W. Hodgkinson　大正9年（1920）ごろ
神戸の洋服店に勤めた白崎治郎助は、アメリカに渡航して、ミニスター裁断学校で本場の洋裁を学びました。これは、アメリカより持ち帰ったといわれる、洋裁の本の挿絵です。

食生活の変化

開港以後、西洋からの影響で、日本でも洋食が広まりました。なかでも牛肉食は流行し、明治2年（1869）には、神戸に牛肉屋ができています。牛乳やパンの食用も、牛肉と前後して普及しました。神戸外国人居留地とその周囲には、明治時代初期に「オリエンタル・ホテル」「ヒョーゴ・ホテル」など西洋人向けのホテルが建ち、本格的な西洋料理を提供していたことが知られています。居留地発祥の飲み物として、イギリス人A.C.シムが製造販売し始めたラムネも有名です。

グルーム愛用の食器
明治時代中期～大正時代初期
リゾート地として六甲山を開発し、神戸ゴルフ倶楽部を創設したA.H.グルームが愛用していた洋風の食器です。

ラムネ瓶　近代
ラムネは当初、海外から輸入されていましたが、明治時代中期には日本でも製造されるようになりました。

トア・ホテルの食堂　「神戸名所等絵葉書」より
明治時代後期～昭和時代初期
トア・ホテルは、神戸に現在も残るトア・ロードの北の突き当たりにあった、山手のホテルです。

住まいの変化

　神戸開港後、外国人居留地や雑居地には、西洋人によって洋風の商館・住居が数多く建てられました。居留地外でも、兵庫県県会議事堂、神戸市役所などの官公庁が、西洋風に建てられていきます。明治15年（1882）には神戸でも西洋家具屋が営まれており、神戸市立博物館には明治18年に神戸福原の天池徳兵衛がつくったことを示す銘のある椅子が所蔵されています。自邸や別荘として洋館を建てる資産家もおり、徐々に西洋風の住まいが広がっていきました。

天池徳兵衛製椅子　明治18年（1885）
背の墨書に、明治18年7月17日に福原町（現神戸市兵庫区）の天池徳兵衛が製作したとあり、日本人の作による最も古い洋風椅子とされます。明治時代の日本の洋家具製造の技術の高さを知ることができます。

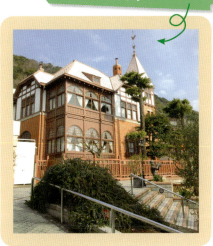

北野にはほかにも見学可能な異人館があります

国指定重要文化財
風見鶏の館（旧トーマス住宅）
神戸・北野にある異人館です。明治42年（1909）ごろに、ドイツ人貿易商G.トーマスの住宅として、建てられました。設計は、ドイツ人建築家G.デ・ラランデ。

旧ハンセル住宅ベランダにて
「ハンセル氏個人アルバム」より　大正6年（1917）
旧ハンセル住宅（シュウエケ邸）は、イギリス出身の建築家A.N.ハンセルにより設計された自邸で、現在も神戸に残っている異人館です。写真は同邸での結婚式の記念写真です。

わたしたちの神戸

水害と治水

　神戸の川は流れが急で水害を引き起こしやすく、防災のために近代的な治水が進められてきました。

　氾濫の多かった生田川では、明治4年（1871）に流路を変える改修工事が行われました。湊川でも、明治29年の水害をきっかけに、改修工事が行われています。

　昭和13年（1938）には阪神大水害が発生し、当時の神戸市の70％以上の人口が罹災しました。近代の過度な山地部開発や、景観向上のための生田川の暗渠化が被害を拡大させたという反省から、以後神戸市の都市計画には、水害に対する防災という観点が盛り込まれるようになりました。

布引から神戸港を望む（生田川付替工事）
「神戸関係写真」より　明治4年（1871）
明治4年には、度々氾濫してきた生田川の、流路を変更するための工事が行われました。この写真では、工事中の生田川が確認できます。もとの流路があった場所は、現在の三宮のフラワーロードです。

湊川隧道　「神戸名所写真」より　明治34年（1901）ごろ
明治29年の豪雨による湊川の決壊と大洪水をきっかけに世論が高まり、湊川の流路を変更するための工事が行われました。湊川隧道は、その時に造られた日本初の河川トンネルです。

阪神大水害後の阪神地下鉄乗車口
「阪神大水害関係写真・絵葉書」より　昭和13年（1938）
昭和13年の阪神大水害では、豪雨による洪水や、暗渠化された生田川からあふれた土石流により、市街地に甚大な被害が発生しました。

戦災と戦後の復興

　昭和12年（1937）の盧溝橋事件をきっかけとして日中戦争が始まり、昭和16年12月には、アメリカ・イギリスなど連合国を相手とした太平洋戦争に発展しました。国際港と多くの軍需工場があった神戸は、昭和17年以降アメリカ軍の空襲を繰り返し受けることになりました。なかでも昭和20年2月4日、3月17日、5月11日、6月5日の4回の大規模な空襲では、大量の焼夷弾と爆弾が広範囲に投下され、市街地全域が焦土となりました。8月15日に日本は降伏し、戦争が終わりました。

　神戸市では、翌年に「神戸市復興基本計画要綱」が定められ、国際的な貿易都市としての再発展が見据えられました。

復興神戸市　都市計画図　昭和21年（1946）
「神戸市復興基本計画要綱」では、戦災復興とともに将来の発展を見据えた「大神戸」構想が提示されました。

空襲で被害を受けた元町通・栄町通
「写真絵葉書等貼込帳
オールドKOBE」より
昭和20年代後半
商店やオフィスなどが集まっていた神戸市街地の中心部ですが、建物が焼失し、空地が広がっています。

阪神・淡路大震災と震災からの復興

　平成7年（1995）1月17日午前5時46分、兵庫県南部をマグニチュード7.3の都市直下型大地震が襲い、神戸では国内観測史上初の震度7が観測されました。未曾有の大惨事となり、10万棟以上の家屋の倒壊や市街地での火災が発生して、6,434名の人々の尊い命が奪われました。この地震は、同年2月14日に「阪神・淡路大震災」と命名されます。

　阪神・淡路大震災が神戸に与えた被害は甚大なものでした。これらの経験をもとに、災害に強いまちづくりや地域コミュニティの再生、防災意識の啓発など、多くの人々によってさまざまな取り組みが進められています。

震度7を記録した激震地区でした

1階ホール。
震動で倒れてガラス面にもたれかかる屏風。

1階展示室。
ケースが転倒し、ガラス面が破損しました。

体験学習室で破損した教材用の土器。

館外の様子。左は倒壊した旧神戸居留地十五番館。

神戸市立博物館の館内と館周辺の被災状況
建物の外観は無事でしたが、建物内は棚や展示器具が倒れ、一面にものが散乱した状況となりました。展示・収蔵場所からの落下や展示ケースの転倒・破損によって、所蔵品の一部や教材用資料に被害がありました。

コラム
「横浜正金銀行」の記憶

　神戸市立博物館の建物は、昭和10年（1935）に横浜正金銀行神戸支店として建てられ、戦後は東京銀行神戸支店として使われました。鉄筋コンクリート造地上3階地下1階の構造です。設計は桜井小太郎（明治3年〔1870〕－昭和28年）建築事務所で、桜井の晩年の作品です。京町筋に面した建物正面（東側壁面）には6本のドリス式半円柱が並ぶ古典主義様式の建築で、外壁は花崗岩仕上げです。

　博物館としての機能充実のため、内部を改修し、新館を増築し、昭和57年11月に神戸市立博物館として開館しました。建物の外観はほぼ建築当初のままです。内装では、かつての銀行営業室の吹き抜け部分を、格天井を残したまま、ホールの空間として活用しています。

　国登録有形文化財（建造物）、景観形成重要建築物、近代化産業遺産となっています。

竣工当時の神戸市立博物館
「横浜正金銀行神戸支店　新築工事写真」より
昭和10年（1935）

金庫（現：地域文化財展示室）
「横浜正金銀行神戸支店　新築工事写真」より　昭和10年（1935）

現在の神戸市立博物館

1階営業室（現：1階ホール）
「横浜正金銀行神戸支店新築落成式記念絵葉書」より　昭和時代前期

コラム

ミュージアムカフェ・ショップ

1階に位置するミュージアムカフェ・ショップは、神戸の近代史を肌で体感しながら、くつろいでいただける空間を目指して設計されました。3つのお勧めポイントから新しいミュージアムカフェとショップの魅力を紹介します。

ポイント1　光あふれる1階無料スペースにオープン！

新しいカフェ・ショップは、博物館1階南側の無料スペースに設けられました。このスペース、かつては展示室として使用していた場所で、作品保護のため窓は閉じられていました。しかし、生まれ変わったカフェ・ショップでは30年間閉ざされていた窓を開放。窓の外に広がる居留地の素敵な景色と、やさしい陽射しのなかでゆったりとお過ごしいただける空間となりました。

ポイント2　明治と昭和、二つの名建築を堪能！

次のお勧めは建物内部。新しいカフェ・ショップは魅力的な二つの顔を持っています。それは、明治と昭和の二つの時代の名建築をベースにしているということ！基本となる空間は、博物館の建物・即ち横浜正金銀行神戸支店が建てられた昭和10年（1935）のアール・デコ的な機能美が心地よいレトロモダンな空間。一方これと鮮やかな対象をみせるデコラティブな一室がスペースの東端に配されています。

この一室、30年間、博物館1階の常設展示で親しまれてきた明治時代の異人館・トムセン邸（中央区諏訪山に存在した異人館）の再現展示の部材を使用して構成した贅沢な空間です。テーブルや椅子、照明までトムセン邸で実際に使用されていたもの、また、それを忠実に再現したものを設置しています。

明治と昭和、神戸の近代の魅力が詰まった二つの空間で観覧、観光、そして日常の疲れを癒していただけることと思います。皆様はどちらの空間がお好みでしょうか？

開放された窓

カフェ全景

4章 ● 開港〜世界との交わり〜

カフェとして生まれ変わったトムセン記念室

ポイント3　限定販売！
神戸市博オリジナルグッズ

　ここまで読み進めていただいた皆さま、新しいショップの商品が気になるところでは？　ニューショップでは、博物館が過去に発行した展覧会の図録、研究論文集、館蔵品目録などのまじめな!?商品はもちろん、手にとり、使ってみたくなるようなオリジナルグッズも多数取り揃えています。これらのグッズは、ほかでは決して購入することができない博物館限定品！　コレクションをモチーフにした大人気のマスキングテープや定番のポストカード、クリアファイルなど豊富なラインナップをご用意しています。新たなグッズのお目見えもあるかもしれません！ご期待ください。

　いかがでしたか。ニューカフェ・ショップ、なかなか楽しそうでしょう。皆様お気に入りの空間に育てていただければと思います。皆様のご来館を心よりお待ちしています。

> コラム

旧居留地歴史案内

　神戸市立博物館は、慶応3年（1868）から明治32年（1899）まで外国人居留地であった、「旧居留地」というエリアに立地しています。旧居留地とその周辺には歴史を今に伝える建築や史跡が残っています。博物館を出て足をのばしてみましょう。1時間以内でまわることができるおすすめのコースをご紹介します。

　博物館正面玄関から出て西側にまわると、旧神戸居留地十五番館があります。旧居留地内に残る唯一の居留地当時の建物です。その横には、明治時代の煉瓦造の下水道が保存されています。

　南に下って海岸通（国道2号）に出ると、まずみえるのが神港ビルヂングとチャータードビル。神港ビルヂングは、扇形のレリーフで飾られた塔屋がポイントの建築です。チャータードビルは、南側の柱の上に配された、壺形の飾りが目を引きます。

　そのまま西へ向かうと、入り口の上のアーチが印象的な商船三井ビルディングと幾何学的な飾りが美しい海岸ビルが並んで建っています。これらのビルは、戦前から海岸通のランドマークでした。居留地の西端の通りである鯉川筋を挟んで向こう側には、神戸郵船ビルがあります。最後に、北上して、大丸がみえてきたところで東へ曲がり、かつて銀行として使われていた38番館を見て博物館へ戻りましょう。

旧神戸居留地十五番館

神港ビルヂング
（旧川崎汽船本社）

チャータードビル
（旧チャータード銀行神戸支店）

商船三井ビルディング
（旧大阪商船神戸支店）

海岸ビル
（旧三井物産神戸支店）

旧居留地38番館（旧ナショナルシティバンク神戸支店）

神戸の歴史年表

時代	西暦	年号	神戸市域の歴史	日本の歴史
旧石器時代	紀元前23000ごろ		旧石器人がくらし始める（兵庫区 会下山遺跡、垂水区 大歳山遺跡）	
旧石器時代	15000ごろ			地球が温暖化し、海面が上昇する 日本列島の形がほぼ現在と同じになる
縄文時代	10000ごろ		六甲山南麓の森に縄文人が住み始める（中央区 宇治川南遺跡、雲井遺跡など）	土器が発明され、狩猟・採集で得た食べ物を煮炊きできるようになる
縄文時代	6000ごろ		海面上昇のため、海岸線が国道2号付近まで前進する	縄文海進がピークに達する
縄文時代				朝鮮半島から稲作文化が伝わる 北部九州に日本最古級の弥生集落ができる（菜畑遺跡・板付遺跡など）
弥生時代	350ごろ		コメづくりとともに、金属器や土木技術など新しい文化が伝わる（兵庫区 大開遺跡、須磨区 戎町遺跡など）	
弥生時代	200ごろ		このころ銅鐸をつかったマツリが行われる（灘区 桜ヶ丘銅鐸・銅戈） 各地に大規模なムラがつくられ、交易拠点になる（灘区 本山遺跡、中央区 雲井遺跡など）	
弥生時代	紀元57			倭奴国が漢の光武帝より金印を授与される
弥生時代	100ごろ		高地のムラが六甲山系、西区の段丘上に多くつくられる（灘区 伯母野山遺跡、西区 頭高山遺跡、城ケ谷遺跡など）	「倭国大乱」と中国の史書に書かれる
弥生時代	200ごろ		大歳山遺跡（垂水区）のムラで火災が起きる このころ桜ヶ丘銅鐸が埋納される	
弥生時代	239			卑弥呼が中国から「親魏倭王」の金印と銅鏡100枚を与えられる
古墳時代	250ごろ			奈良に箸墓古墳がつくられる（古墳時代の始まり）　このころ大和政権が成立する
古墳時代			三角縁神獣鏡を納めた前方後方墳がつくられる（灘区 西求女塚古墳）	
古墳時代	380ごろ		海辺に巨大な前方後円墳がつくられる（垂水区 五色塚古墳）	
古墳時代	400ごろ		渡来人が集落をつくる（東灘区 郡家遺跡）	朝鮮半島の政治的混乱により、多くの人々が渡来し、進んだ技術や知識が伝わる
古墳時代	450ごろ		小型の古墳が群集してつくられる（東灘区 住吉宮町遺跡）	
古墳時代			柵と壕を巡らせたオウ（王）の館が建てられる（長田区 松野遺跡）	
古墳時代	500ごろ		横穴式石室が登場する（垂水区 舞子古墳群など）	
古墳時代				仏教が伝わる。蘇我氏と物部氏が仏教をめぐり争う

時代	西暦	年号	神戸市域の歴史	日本の歴史
飛鳥時代	593			聖徳太子が摂政となる
飛鳥時代	607			遣隋使をはじめて送る (遣唐使630年～894年)
飛鳥時代	631		舒明天皇、有馬温泉（北区）を訪れる	
飛鳥時代	645	大化元	改新の詔により、摂津国・播磨国ができ、山陽道が整備される（東灘区 深江北町遺跡、須磨区 大田町遺跡など）	大化の改新
奈良時代	710	和銅3		平城京に都を移す
奈良時代			明石郡に郡衙（役所）が置かれる（西区 吉田南遺跡）	
奈良時代			房王寺が建立される （長田区 房王寺遺跡・室内遺跡）	このころ各地に国分寺が建てられる
奈良時代	749	天平21	行基が亡くなる。大輪田泊（兵庫区）を築き、有馬に温泉寺を開いたと伝わる	
奈良時代	794	延暦13		平安京に都を移す
平安時代	812	弘仁3	大輪田泊が改修される （10世紀なかごろまで続く）	
平安時代	914	延喜14	三善清行が「意見封事十二箇条」で大輪田泊・魚住泊の修築を請う	
平安時代			このころ大規模な須恵器窯ができ、交易品の生産地となる（西区 神出古窯跡群）	
平安時代	1100ごろ			このころ武士の力が強まりだす
平安時代	1162	応保2	平清盛が神戸での拠点づくりを始める	このころ平清盛が政治の実権をにぎり、宋との貿易を盛んにする
平安時代	1170	嘉応2	宋（中国）船が大輪田泊に来る	
平安時代	1173	承安3	このころ清盛が大輪田泊を改修する	
平安時代	1180	治承4	2月 清盛が大輪田泊の改修を国営で計画する 6月 都を福原に移す（11月 京都にもどる）	源頼朝が平氏との合戦を始める
平安時代	1181	養和元		清盛が病死する
平安時代	1184	寿永3	生田森・一の谷合戦、平氏の陣を源義経が奇襲する	
平安時代	1185	文治元		平氏が滅ぶ
鎌倉時代	1192	建久3		源頼朝が征夷大将軍となる
鎌倉時代	1196	建久7	僧 重源が大輪田泊を改修する	
鎌倉時代	1274	文永11		元が攻めてくる（2度目1281年）
鎌倉時代	1286	弘安9	十三重石塔（のちの清盛塚）が兵庫に建てられる	
鎌倉時代	1289	正応2	時宗の開祖、一遍が兵庫の観音堂で亡くなる このころ太山寺（西区）の本堂（国宝）が建て直される	
鎌倉時代	1308	延慶元	兵庫関の関料が東大寺に寄進される	
鎌倉時代	1333	北 正慶2 南 元弘3	播磨の武将赤松氏が太山寺衆徒とともに摩耶山・兵庫島で幕府勢と合戦する	鎌倉幕府が滅ぶ

時代	西暦	年号	神戸市域の歴史	日本の歴史
南北朝時代	1336	北 建武3 南 延元元	湊川の合戦、楠木正成が足利尊氏に敗れ、討死する	
室町時代	1338	北 暦応元 南 延元3	興福寺に兵庫関（南関）での関料の徴収が認められる	足利尊氏が室町幕府を開く
	1401	応永8	このころ禅昌寺（須磨区）が宋・元、高麗、金などで印刷された大般若経を集める このころ兵庫の港に遣明船が出入りし、栄える。朝鮮使節が兵庫に上陸、京に向かう	足利義満が明に使いを派遣、貿易が始まる
	1432	永享4	日明貿易再開のため兵庫の港湾修造が行われる	
	1445	文安2	このころ、瀬戸内海の各地から年間2000隻以上が兵庫の港に出入りする	
	1467	応仁元		応仁・文明の乱が起こる
	1469	文明元	応仁・文明の乱で、兵庫の町が大打撃を受ける	
	1528	享禄元	有馬温泉寺で大火。閻魔王から贈られたという法華経などを納めた経箱がみつかる	
	1539	天文8	明石の武将、明石長行が妻の菩提を弔うため曽我物語などを太山寺に寄進する	
	1543	天文12		鉄砲が伝わる
	1549	天文18		キリスト教が伝わる
	1573	天正元		織田信長が室町幕府を滅ぼす
安土桃山時代	1579	天正7	織田信長の武将、羽柴秀吉の軍勢が淡河城（北区）を攻略。淡河の市場を楽市として復興を図る	
	1580	天正8	信長の武将、池田氏が花隈城（中央区）を攻略。翌年、兵庫城（兵庫区）を築く	
	1582	天正10		本能寺の変が起こる、秀吉が太閤検地をはじめる
	1583	天正11	秀吉が兵庫と有馬を直轄地とし、正直屋宗与に船役銭等の徴収を任せる	
	1588	天正16		秀吉が刀狩を進める
	1590	天正18	秀吉が千利休を有馬に招いて茶会を開く	秀吉が全国を統一する
	1592	文禄元		秀吉が朝鮮を侵略する（第2回1597年）
	1594	文禄3	秀吉が摂津国の検地を行う。有馬で65軒を立ち退かせ、御殿を新築する	
	1596	文禄5	大地震が起こり、大きな被害をうける この地震で西求女塚古墳の墳丘が滑落する	
	1600	慶長5		関ヶ原の戦いが起こる
江戸時代	1603	慶長8		徳川家康が江戸幕府を開く
	1607	慶長12	朝鮮通信使が兵庫津に上陸する（1764年まで11回）	朝鮮との国交が回復し、朝鮮通信使がはじめて日本を訪れる
	1617	元和3	戸田氏鉄が尼崎藩主となり、兵庫や神戸村などを支配する	
	1635	寛永12	戸田氏に代わり、青山幸成が尼崎藩主となる	参勤交代が制度化される
	1637	寛永14		島原・天草の一揆が起こる
	1639	寛永16		ポルトガル人の来航禁止、鎖国が完成する

時代	西暦	年号	神戸市域の歴史	日本の歴史
江戸時代	1677	延宝5	摂津国・播磨国などの幕府領で検地が行われる	
	1692	元禄5	徳川光圀が湊川に楠木正成の碑をたてる	
	1711	正徳元	青山氏に代わり、松平忠喬が尼崎藩主となる	
	1716	享保元	このころから六甲山南側の川筋に水車がつくられ、絞り油業が盛んになる	享保の改革が始まる
	1732	享保17		享保の大飢饉
	1754	宝暦4	このころから灘の酒造業が盛んになる	
	1766	明和3	与謝蕪村がはじめて兵庫を訪れる	
	1769	明和6	兵庫をはじめ六甲山南側の村々が幕府領にかわる	
	1770	明和7	この年から兵庫で株仲間が認められる	
	1782	天明2		天明の大飢饉
	1787	天明7	大飢饉のため兵庫津で打ちこわしがおこる	寛政の改革がはじまる
				このころからロシア・イギリス・フランスの船が頻繁に来航する
	1800	寛政12		伊能忠敬が全国の測量を開始する
	1805	文化2	伊能忠敬が神戸市域を測量する 兵庫の商人（北風荘右衛門、高田屋嘉兵衛ら）が蝦夷（北海道）などとの交易で活躍する	
	1811	文化8	高田屋嘉兵衛が国後島沖でロシア船に捕らえられる	
	1826	文政9	シーボルトがオランダ商館長の江戸参府に従い、兵庫を通る	
	1830	天保元		天保の改革が始まる
	1833	天保4	大飢饉のため、兵庫津で打ちこわしが起こる	天保の大飢饉
	1840	天保11	魚崎村（東灘区）の酒造家山邑太左衛門が宮水を発見する	
	1853	嘉永6		アメリカ使節ペリーが浦賀に来航する
	1854	嘉永7	ロシア使節プチャーチンが大阪湾に来航する	日米和親条約が結ばれる
	1855	安政2	網屋吉兵衛が旧生田川河口西側に船を修理する施設（船たで場）を完成させる	
	1858	安政5	兵庫の開港が決まる	日米修好通商条約が結ばれる
	1859	安政6		横浜・長崎・箱館が開港する
	1862	文久2	兵庫開港が5年間延期される	
	1863	文久3	幕府が和田岬・湊川・西宮などで砲台の築造をはじめる 将軍徳川家茂が大阪湾岸を視察する 幕府が勝海舟に海軍の学校(神戸海軍操練所)をつくるよう命じる（1865年廃止）	
	1866	慶応2	米の値段が高くなり、兵庫津で打ちこわしが起こる	幕府を倒すため薩摩と長州藩が手を結ぶ
	1867	慶応3	外国人居留地の場所が神戸村の東側にきまる。「兵庫開港」は事実上「神戸開港」となる	大政奉還が行われる

時代	西暦	年号	神戸市域の歴史	日本の歴史
明治	1868	慶応4	1月1日(旧暦慶応3年12月7日)、兵庫(神戸)開港 外国人居留地ができる 三宮神社(中央区)付近で、西宮警備に向かう岡山藩兵と外国兵が衝突する(神戸事件) 明親館(神戸で最初の近代的な学校)がつくられる	
	1869	明治2		首都が東京に移る
	1870	明治3	神戸―大阪間に電信が開通する	
	1871	明治4	生田川付替工事が始まる	藩を廃止して県をおく 岩倉使節団が欧米諸国を視察する
	1872	明治5	学制発布、小学校がつくられる(明親小学校など)	12月3日が太陽暦の明治6年1月1日となる
	1873	明治6	兵庫東運上所が神戸税関と名前をかえる	徴兵令が出される 税の改革(地租改正)が始まる
	1874	明治7	神戸―大阪間に鉄道(のちのJR)が開通する(日本で2番目) 兵庫新川運河の工事が始まる 外国人居留地でガス事業が始まり、ガス灯がつく	
	1877	明治10	このころマッチ製造が始まる。 コレラが流行する	西南戦争が起こる
	1878	明治11		自由民権運動が盛んになる
	1884	明治17	神戸又新日報が創刊される	
	1885	明治18		伊藤博文が初代内閣総理大臣になる
	1986	明治19	川崎造船所が創業する	ノルマントン号事件が起こる
	1888	明治21	山陽鉄道(JR西日本)兵庫―明石間が開通する 神戸電灯会社が送電開始	
	1889	明治22	神戸市が市制町村制の実施により誕生する	大日本帝国憲法が公布される 東海道線(神戸―新橋)全線が開通する
	1891	明治24	淡河疎水ができる	
	1893	明治26	神戸港が輸入額で日本一になる	
	1894	明治27		日清戦争が起こる
	1895	明治28	A. H. グルームが六甲山に別荘を建てる(六甲山開発の始まり)	下関条約が結ばれる
	1896	明治29	兵庫運河の工事が始まる	
	1899	明治32	外国人居留地が返還される 神戸瓦斯会社が設立される	領事裁判権が撤廃される
	1900	明治33	水道の給水が始まる(布引貯水池の完成)	
	1901	明治34	湊川付替工事が完成する	八幡製鉄所が操業する
	1903	明治36	日本初のゴルフ場、神戸ゴルフ倶楽部がつくられる	
	1904	明治37		日露戦争が起こる
	1905	明治38	阪神電気鉄道 神戸(三宮)―大阪間が開通する 鈴木商店が神戸製鋼所をつく	ポーツマス条約が結ばれる

時代	西暦	年号	神戸市域の歴史	日本の歴史
明治	1907	明治40	築港第一期工事が始まる	
明治	1908	明治41	はじめてのブラジル移民船「笠戸丸」が出港する	
明治	1910	明治43	兵庫電気軌道（のちの山陽電鉄）兵庫ー須磨、神戸電気鉄道（のちの神戸市電）春日野ー兵庫間が開通する	韓国を併合する
明治	1911	明治44	神戸市立図書館が相生町（中央区）に開館する（大正10年に現在地に移る）	中国で辛亥革命が起こる
大正	1913	大正2	新開地（兵庫区）に聚楽館ができる	
大正	1914	大正3		第一次世界大戦が起こる（〜1918）
大正	1917	大正6		ロシア革命が起こる
大正	1918	大正7	鈴木商店・神戸新聞社などが米騒動で焼き討ちされる	米騒動起こる
大正	1920	大正9	阪神急行電鉄（のちの阪急電鉄）神戸（上筒井）ー梅田間が開通する	国際連盟ができ、日本も加盟する このころ労働運動や農民運動が盛んになる
大正	1921	大正10	開港50年、市制実施30年記念祝賀会が行われる 川崎造船所、三菱造船所で労働争議がおこる	
大正	1923	大正12	港が不通の鉄道にかわり、震災救援物資の輸送基地になる	関東大震災がおこる
大正	1925	大正14		普通選挙法・治安維持法が公布される
昭和	1926	昭和元	阪神国道（国道2号）が開通する	
昭和	1927	昭和2	鈴木商店が倒産する	このころ不景気が進む（金融恐慌）
昭和	1928	昭和3	神戸有馬電気鉄道（のちの神戸電鉄）湊川ー有馬温泉間が開通する 諏訪山動物園（中央区）ができる（1951年王子公園（灘区）に移る）	
昭和	1929	昭和4		世界恐慌が起こる
昭和	1930	昭和5	観艦式記念海港博覧会が開催される	
昭和	1931	昭和6	直良信夫、明石海岸で化石人骨を発見する	満州事変が起こる
昭和	1933	昭和8	第1回みなとの祭が行われる	国際連盟を脱退する
昭和	1937	昭和12		日中戦争（〜1945）が始まる
昭和	1938	昭和13	阪神大水害が発生する	
昭和	1939	昭和14	神戸市の人口100万人を突破	第二次世界大戦（〜1945）が始まる
昭和	1941	昭和16		太平洋戦争が始まる
昭和	1944	昭和19	学童集団疎開が始まる	主要都市で学童集団疎開が始まる
昭和	1945	昭和20	神戸大空襲	広島・長崎に原子爆弾が投下される ポツダム宣言を受諾し戦争が終わる
昭和	1946	昭和21		日本国憲法が公布される
昭和	1947	昭和22		教育基本法・労働基準法が公布される
昭和	1950	昭和25	日本貿易産業博覧会（神戸博）が開催される	朝鮮戦争が始まる
昭和	1951	昭和26	神戸港の管理が国から市に代わる	サンフランシスコ平和条約、日米安保条約が結ばれる
昭和	1953	昭和28		テレビ放送が始まる

時代	西暦	年号	神戸市域の歴史	日本の歴史
昭和	1954	昭和29		自衛隊が発足する
	1956	昭和31	人口再び100万人を突破する	ソビエト連邦との国交を回復、国際連合に加盟する
	1957	昭和32	神戸市立須磨水族館が開館する 姉妹都市提携がはじめてシアトルと結ばれる	
	1963	昭和38	第二阪神国道（国道43号）が開通する ポートタワーが完成する	
	1964	昭和39	桜ヶ丘銅鐸が発見される	東海道新幹線が開通する 東京オリンピックが開催される
	1965	昭和40	さんちかタウンがオープンする	日韓基本条約が結ばれる
	1966	昭和41	ポートアイランド着工、阪神高速道路 京橋ー柳原間が開通する	
	1967	昭和42	摩耶埠頭に日本初のコンテナバースができる 集中豪雨で大きな被害を受ける	
	1968	昭和43	神戸高速鉄道が開通する （阪急・阪神・山陽・神鉄の相互乗入れ）	小笠原諸島が日本に復帰する
	1970	昭和45	神戸大橋、ポートターミナルが完成する	大阪万国博覧会が開催される
	1971	昭和46	市電が廃止される 第1回神戸まつりが行われる 西神ニュータウン着工	
	1972	昭和47	山陽新幹線新大阪ー岡山間が開通し、新神戸駅が開業する 六甲アイランド着工	札幌冬季オリンピックが開催される 沖縄が日本に復帰する 中国との国交が正常化する
	1975	昭和50	五色塚古墳の復元整備工事が完工する(65年着工)、古墳整備の先駆となる	
	1977	昭和52	市営地下鉄名谷ー新長田間が開通する 異人館ブームが起こる	
	1978	昭和53		日中平和友好条約が結ばれる
	1981	昭和56	ポートアイランド完成、神戸ポートアイランド博覧会 ポートピア'81が開催される	
	1982	昭和57	神戸市立博物館が開館する	
	1985	昭和60	ユニバーシアード神戸大会が開催される	
	1987	昭和62	神戸市立須磨海浜水族園・神戸海洋博物館が開館する	
平成	1989	平成元	しあわせの村ができる、フェスピック神戸大会が行われる	
	1990	平成2		東西ドイツが統一される
	1991	平成3	神戸市埋蔵文化財センターが開館する	ソビエト連邦が解体する。湾岸戦争が起こる
	1992	平成4	神戸市立小磯記念美術館が開館する	
	1993	平成5		ヨーロッパ連合（EU）が発足する
	1995	平成7	阪神・淡路大震災が起こる	
	1998	平成10	明石海峡大橋が開通する	長野冬季オリンピックが開催される
	2001	平成13	市営地下鉄海岸線 三宮・花時計前ー新長田間が開通する	アメリカ同時多発テロが起こる
	2002	平成14	ワールドカップサッカーの試合が神戸ウイングスタジアムで開催される	ワールドカップサッカーが日本と韓国で共同開催される
	2006	平成18	神戸空港が開港する	

参考文献

● 全体に関するもの ●

『兵庫県史』本編・資料編　兵庫県史編集専門委員会　兵庫県　1974～89年

『新修神戸市史』新修神戸市史編集委員会編　神戸市　1989年～

『神戸市指定文化財報告書』　神戸市教育委員会編・発行　1998～2011年

『神戸の文化財Ⅱ―神戸市指定文化財を中心に―』
　　神戸市立博物館編　神戸市教育委員会文化財課発行　2007年

『コレクションの精華　伝えたい美と歴史』　神戸市立博物館編・発行　2008年

『ホンモノに会いに行こう　神戸市立博物館で楽しむ歴史と美』
　　神戸市立博物館編　神戸市立博物館・神戸新聞総合出版センター発行　2013年

● 1章 ●

『縄文時代のこうべ』神戸市教育委員会文化財課編・発行　2015年

神戸の遺跡シリーズⅥ『神戸の弥生遺跡』
　　神戸市教育委員会文化財課編・発行　2016年

神戸の遺跡シリーズⅣ『神戸の古墳―Ⅰ　前方後円墳―』
　　神戸市教育委員会文化財課編・発行　2013年

神戸の遺跡シリーズⅦ『神戸の古墳―Ⅱ―』
　　神戸市教育委員会文化財課編・発行　2017年

『訪ねてみよう神戸の遺跡』神戸市教育委員会文化財課編・発行　2010年

● 2章 ●

『太山寺の名宝』神戸市立博物館編・発行　1993年

『源平物語絵セレクション』
　　神戸市立博物館編　財団法人神戸市スポーツ教育公社　1997年

『日中歴史海道2000年』神戸市立博物館編・発行　1997年

『海の回廊─古代・中世の交流と美─』神戸市立博物館編・発行　2010年

『須磨の歴史と文化展─受け継がれる記憶─』神戸市立博物館編・発行　2016年

● 3章 ●

『よみがえる兵庫津　港湾都市の命脈をたどる』神戸市立博物館編・発行　2004年

『兵庫津の総合的研究　兵庫津研究の最前線』大手前大学史学研究所　2008年

『幕末・明治の海防関連文化財群の調査研究　広域に所在する文化財群の調査と活用』兵庫県歴史文化遺産活用活性化実行委員会　2015年

『開国への潮流　開港前夜の兵庫と神戸』
　　神戸市立博物館編　開国への潮流展実行委員会　2017年

『幕末の大阪湾と台場　海防に沸き立つ列島社会』
　　後藤敦史・髙久智広・中西裕樹編　戎光祥出版　2018年

● 4章 ●

『神戸開港三十年史』乾・坤
　　村田誠治編　開港30年紀念会　1898年（1966年中外書房復刻）

『神戸開港百年史』
　　建設編・港勢編　神戸開港百年史編集委員会編　神戸市　1970年・1972年

『神戸はじめ物語展─近代都市・神戸のはじまりと開化風俗─』
　　神戸市立博物館編・発行　1987年

『神戸・横浜"開化物語"』神戸市立博物館編・発行　1999年

『外国人居留地と神戸　神戸開港150年によせて』
　　田井玲子　神戸新聞総合出版センター　2013年

協力者・関係機関など（敬称略）

粟崎八幡神社、池田千冬、淡河本町自治会、お弓神事保存会、株式会社丹青社、京都市歴史資料館、神戸市教育委員会文化財課、神戸市立中央図書館、堺市博物館、性海寺、勝福寺、須磨寺、太山寺、大龍寺、田中光顯、沼津市戸田造船郷土資料博物館、六條八幡宮、鷲尾寧一

装丁・本文組版　　デザインスタジオ・Crop　神原宏一

古代から現代へ KOBE歴史の旅
神戸市立博物館歴史展示ガイド

2019年11月22日　第1刷発行

編　集	神戸市立博物館
発行所	神戸市立博物館

　　　〒650-0034　神戸市中央区京町24
　　　TEL 078-391-0035
　　　kobecitymuseum.jp

　　　神戸新聞総合出版センター
　　　〒650-0044　神戸市中央区東川崎町1-5-7
　　　TEL 078-362-7140／FAX 078-361-7552
　　　https://kobe-yomitai.jp

印　刷　株式会社 神戸新聞総合印刷

Ⓒ神戸市立博物館2019. Printed in Japan
乱丁・落丁本はお取り替えいたします。
ISBN978-4-343-01059-9　C0021